Les dessous des Chandelles

Valérie Hervo

Les dessous des Chandelles

Une femme en quête de liberté

cherche midi

Vous pouvez consulter notre catalogue général
et l'annonce de nos prochaines parutions sur notre site :
www.cherche-midi.com

92, avenue de France
75013 Paris

Composition : Peter Vogelpoel
Dépôt légal : février 2021
ISBN : 978-2-7491-6601-8

J'étais cet objet qui voulait bien l'être.

Jane Birkin

MÉPRISE ET EMPRISE

Juin 1991. Dix-neuf heures. Je rentre de Paris après une journée de prospection. Je suis visiteuse médicale. J'ai vingt-trois ans.

Il fait chaud. Depuis plus d'une heure, ma voiture est coincée dans les embouteillages. Dans le bois de Boulogne. Je perds patience. Besoin d'air. J'ouvre la vitre de mon véhicule. Sur ma droite, un homme me demande si je veux bien lui céder le passage. J'acquiesce.

Plus loin, il s'arrête, descend de sa voiture et rejoint la mienne afin de m'inviter à prendre un verre à la Cascade, toute proche. J'ai envie de rentrer chez moi. Je suis épuisée. Pourtant, j'accepte. Pourquoi ? Aucune idée.

Ce quarantenaire quelconque me demande mon téléphone. L'idée de lui donner un faux numéro m'effleure. Il insiste. Je lui confie ma carte de visite. Tout ou presque était inscrit dans notre rencontre insolite. Mon désir de jeune femme était fragile. C'était celui de l'autre qui se substituait au mien.

Enfin, je parviens chez moi, soulagée. À peine reposée, le téléphone sonne. Je décroche. C'est lui. Le malaise et la confusion me gagnent.

Aucune envie de le revoir. Pourtant, je cède à son invitation. Une invitation que je n'honorerai pas, sans même me décommander, persuadée qu'il abandonnera alors son manège.

Mais il me rappelle sans relâche. Et je confonds harcèlement et intérêt. Nous convenons d'un nouveau rendez-vous. Puis d'un autre. Le pli est pris.

Je me souviens de la première fois où je me suis abandonnée à lui. Sans réel désir. Cette nuit-là, nous avions été surpris par un terrible orage tandis que nous dînions à la terrasse d'un hôtel parisien. La violence des éclairs m'effrayait ; ma peur l'amusait. Je me suis blottie contre lui. Il m'a soulevée, conduite jusqu'à la chambre et couchée sur le lit. Il a saisi mes mains, les a maintenues le long de ma tête. J'ai senti sa force. Elle m'a séduite.

Aujourd'hui, je trouve cela pathétique. Nous étions, tous les deux, pathétiques. Nous jouions au chat et à la souris. Je te désire, moi non plus. L'amour, la haine. La haine de l'amour ? C'était les prémices d'un jeu dangereux. De nombreux signes présageaient la relation que nous allions créer. Je le laissais prendre le pouvoir sur moi. Une seule urgence : jouir pour chasser l'angoisse de l'intimité.

Octobre 1991. Nous emménageons ensemble dans la vallée de Chevreuse. À sa demande, je quitte mon emploi et vis dans un appartement à mon nom, payé par ses soins. Dépendante et sienne. Totalement.

Il assure deviner ce qui est bon pour moi. Il prétend le savoir mieux que moi. Il est simple de rentrer dans ma tête : je suis prévisible et perméable, sans grande estime de moi-même. Il dit m'aimer. Et, ce faisant, il devient mon tout. Je le laisse prendre le pouvoir.

Je ressens la fragilité de cet homme. Il me touche. Il a vingt ans de plus que moi, peu de liens avec sa famille, cumule échecs et souffrances : le père qu'il est ne l'assume pas ; l'entrepreneur, qu'il se dit être, est marqué par ses revers. Sa vérité me touche. Je prendrai soin de lui. Je dois prendre soin de lui. Des années plus tard, je découvrirai que sa vérité était très éloignée de la réalité : elle n'était faite que de mensonges.

Il faut que mon héros aille bien. S'il m'aime, je l'aime. S'il va bien, je vais bien. S'il tombe, je tombe. Puisqu'il est mon tout, je choisis de n'être plus rien. Je vis dans ses désirs, dans son ombre. Je me perds en lui. Est-ce que je l'aime ? Là n'est pas la question. Ma réponse est qu'il m'aime puisqu'il me le dit ! S'il m'aime, je l'aime ! Cette dévotion nourrit sa toute-puissance. Je deviens la chose nécessaire à sa survie ; et lui, mon pilier contre l'effondrement. Il a tous les pouvoirs. Et tous les droits. Dont celui de m'humilier, et de me maltraiter. Essentielle, l'humiliation, pour que je me sente autre que lui ! Je ne le sais pas encore. Le chemin sera douloureux.

L'injure et l'humiliation ont rapidement les effets escomptés. Ce travail de sape méthodique m'affaiblit et formate une jeune femme toujours plus asservie, incapable d'agir ou de fuir : je deviens l'objet de ses désirs, le jouet de sa puissance.

Sa violence s'exonère de toute justification, de toute excuse ultérieure : elle devient la règle. C'est la punition méritée d'une coupable toute désignée. Ses dénigrements me scotchent, m'anesthésient, me sidèrent. C'est comme un arrêt sur image.

Il me soumet. Je me soumets. Mon absence de réponse l'autorise à tout oser. Qui ne dit rien consent. C'est cela : je consens.

Sa colère souligne son emprise et nourrit ma dévotion. Ma faim d'amour tait les questionnements. L'important est que je sois abreuvée de mots d'Éros, jusqu'à la nausée.

Je vis son âge comme un atout : nos vingt années d'écart sont ma garantie contre son abandon.

Quand je recontacte cette jeune femme que j'ai été, j'ai envie de lui dire : « Réveille-toi ! Sauve-toi ! » À l'époque c'eût été en vain. Je n'étais pas prête. Mon inconscient non plus.

Pour me protéger de tentations que je n'ai pourtant pas, il me propose de partager notre sexualité avec d'autres.

Je reste sans voix. Ma passivité vaut acquiescement.

Selon lui, une sexualité libre réduit le risque de tromper ou d'être trompé. Il n'évoque jamais le risque de se tromper tout simplement. Il ne connaît pas le doute.

DEUX PLUS EUX

Il me fait découvrir le Deux plus deux, rue Lhomond, dans le cinquième arrondissement. L'établissement ressemble à une boîte de nuit *normale* : un bar tout en longueur animé par une barmaid prévenante, une petite piste de danse très seventies, quelques banquettes sombres entourant des tables basses près des murs couverts de miroirs dans lesquels se reflète la lumière tamisée des spots. Rien qui ne puisse alerter sur la particularité des lieux. Très vite, je ne résiste pas à mon plaisir favori : la danse. Je me retrouve sur la piste. Mon homme m'observe du bar où il sirote un alcool. Des couples, sur les banquettes, me lancent des regards puis se réfugient dans des chuchotements et des sourires complices. Serais-je devenue leur centre d'intérêt ? Je n'y attache aucune importance : je suis dans ma bulle, je me laisse porter par le rythme de la musique, oubliant jusqu'à l'approche d'un duo venu me rejoindre. Sur mes talons vertigineux et dans ma robe courte en mousseline blanche, je virevolte, fermant parfois les yeux pour mieux ressentir les vibrations d'un tube de James Brown. Lorsque je les ouvre à nouveau, la femme s'est rapprochée de moi tandis que l'homme l'enlace. Lascifs et provocateurs, ils sont moins sensibles que moi au rythme pulsé de la musique : leur tempo incite davantage à la langueur. La femme me sourit; l'homme lui prend la main et l'entraîne vers un petit corridor que je n'avais pas remarqué. Je poursuis mes danses : Marvin Gaye succède à James Brown et son *sexual healing* motive plus encore mes déhanchements. Mon homme quitte le bar et m'incite à le suivre, sur les pas du couple désormais disparu de ma vue. Je m'engage derrière lui dans un étroit couloir menant à un petit escalier desservant un salon plongé dans la pénombre. Là, des couples font l'amour tandis que d'autres les observent, debout. Des soupirs, des gémissements, parfois des jouissances : cette atmosphère me trouble. Mon homme se colle à moi : sans doute aimerait-il que je rejoigne les matelas où les ébats se font plus intenses. Mais je préfère observer, captivée par ces abandons dont je me demande bien si je serais capable de les vivre ici. Je sens ses mains courir sur mes fesses, tenter de relever ma robe pour accéder à mon intimité. J'ignore ses attentions et il n'insiste pas. De même se garde-t-il de céder à la femme qui ondule près de lui tout en scrutant les copulations. Bientôt, elle le provoque du regard mais il s'esquive et m'entraîne hors des alcôves. Sans doute a-t-il perçu que s'il s'abandonnait avec cette inconnue, je le quittais sur-le-champ.

Toujours est-il que me voici dans un lieu où l'on fait l'amour sans détour mais dans lequel la femme peut refuser à l'homme ses étreintes. Et inversement.

C'est tellement mieux que dans une boîte classique où des dragueurs impolis et des machos grotesques vous importunent régulièrement. Quel paradoxe délicieux ! Pour autant, je préfère retrouver la piste de danse. Mais mon trouble est grand et mon excitation réelle. Je m'épuise dans des chorégraphies déchaînées. Peut-être une autre fois, oserai-je me laisser tenter…

Je découvre donc un univers de plaisirs, sans la crainte de jugements péremptoires ni la pesanteur de moralités dévoyées. La magie festive, le sentiment de légèreté, la sensualité des corps et la liberté des âmes me séduisent. Dans cette atmosphère extatique, je vibre et m'enivre.

LIBERTINS, ÉGALITÉ, FRATERNITÉ

Fort de cette expérience, mon homme me convainc de créer un établissement libertin. Caprice ? Folie ? Fantasme ? J'apprendrai, quinze ans plus tard, qu'il avait quitté sa précédente conquête après qu'elle avait refusé d'adhérer à ce même projet.

Persuadée qu'ainsi il ne me quittera pas, ni aujourd'hui ni demain, je me lance à cœur et à corps perdus dans l'aventure. Mais selon ma signature : je veux un lieu qui me ressemble, un univers qui corresponde exactement à ma philosophie de la vie : de l'audace et du respect, de l'élégance et de la curiosité, une ouverture d'esprit tolérante et distinguée, un érotisme raffiné et une certaine idée de la fête.

Je souhaite qu'un tel lieu trouve sa place dans un quartier dont la résonance historique corresponde à l'univers épicurien, élégant et voluptueux que je compte créer.

Après de longues recherches, mon dévolu se porte sur la rue Thérèse, artère discrète, proche du Louvre, des Tuileries et du Palais-Royal. Là, je veux créer un écrin résolument féminin.

Car, dans mon esprit, Les Chandelles doivent être un royaume dédié à *la femme* : un lieu où elle sera libre, épanouie, sereine, désirée, au centre de toutes les attentions. Je tiens résolument à m'affranchir des ambiances irrespectueuses de certains clubs où la femme n'est que le simple passeport de plaisirs machistes, le triste alibi de goujateries salaces. J'exigerai, moi, le savoir-vivre et l'impérieux respect de la femme.

Elle ne sera pas un trophée qu'on exhibe ou un butin qu'on partage, mais une déesse qu'on honorera, une libertine qu'on adorera. Elle dominera les débats autant que les ébats, elle imposera ses désirs, ses caprices aussi. Et le sexe ne sera que la cerise sur le gâteau. La femme devra se sentir non pas seulement *comme chez elle* mais *mieux que chez elle*. Elle sera ma princesse.

Je parlais de moi et je ne le réalisais pas. Ma création dévoilait mes manques et mes besoins profonds. Je subissais mes manques. J'étais guidée par mes errances, qui, aujourd'hui, éclairées par ma lumière intérieure, étaient très riches de sens.

Ici, ce seront les hommes qui accompagneront les femmes, non l'inverse. Ici, les comportements discourtois, vulgaires, agressifs ou misogynes seront proscrits. La femme s'y retrouvera avec son propre désir. Son imaginaire érotique s'y démultipliera dans les miroirs et sous les pampilles cristallines. Les Chandelles seront le lieu où vocaliseront les corps des femmes : *les chants d'elles*. Et tout ceci constituera la signature du club.

Il n'y a là aucune connotation militante, aucune guerre des sexes dans ma façon de penser. J'estime simplement que la femme est un trésor qu'il faut savoir mériter. Même et surtout lorsqu'elle s'offre ou s'abandonne. Et je constaterai rapidement que les hommes adorent cet état d'esprit : étant choisis par les déesses des lieux, ils se sentent privilégiés. C'est un partage dont ils sont tantôt acteurs tantôt spectateurs, toujours admirateurs.

Je souhaite que les hommes découvrent également les facettes inédites des désirs et des plaisirs tels que les femmes les révèlent lorsqu'elles prennent le contrôle des situations. Sans crainte d'être jugées ou jaugées. En laissant libre cours à leur instinct, en assumant leur élan.

Les Chandelles me racontent et je ne le réalise pas immédiatement. Il me faudra de longues années pour comprendre l'évidence de cette création.

Printemps 1993. Les travaux s'engagent au numéro 1 de la rue Thérèse. De vastes caves voûtées autorisent les folies que je compte bien offrir à ce futur écrin, à ce boudoir hors du temps : féerie, poésie et beauté.

Lorsque j'investis les lieux, j'adore leur configuration complexe, leur architecture biscornue, l'inattendu de la succession des pièces. Cela participera du plaisir de mes hôtes à y déambuler et à s'y perdre. Et, plus que tout, les escaliers signeront le charme mystérieux des Chandelles.

En temps normal, on monte au paradis où on grimpe au septième ciel. Pas aux Chandelles : c'est par un escalier qu'on descendra jusqu'aux entrailles des plaisirs et de la fête. J'en suis certaine : mes hôtes apprécieront cette descente vertigineuse. Passés la porte et l'accueil, ils s'enfonceront dans les méandres surprenants des lieux. Certains vivront cela comme un rite initiatique, d'autres savoureront la lenteur imposée par la raideur des marches. Chacun saura qu'elles mènent à une expérience inédite, une rencontre avec son intime trop souvent méconnu.

Tous, à ce moment précis, pénétreront dans une bulle hors du temps pour profiter d'une respiration inédite. Une parenthèse enchantée qui échappera aux contraintes du quotidien. La descente des marches favorisera cet envoûtement progressif.

L'escalier de pierre mènera d'un côté au bar et à la piste de danse, résolument festifs, de l'autre aux alcôves pour lesquelles différentes ambiances oniriques sont imaginées.

Le libertinage du siècle des Lumières, tel que j'aimerais qu'il revive ici, s'accommodera pleinement des pénombres savantes propices aux jeux de séduction comme aux suggestions alanguies. Les Chandelles offriront au désir le temps de s'attiser jusqu'à s'épanouir, se propager puis se partager. J'attache donc un soin maniaque à chaque détail esthétique, au raffinement de la décoration, à l'agencement des espaces qui se répondent et se succèdent avec grâce.

Le vendredi 24 décembre 1993 à vingt-trois heures, j'ai parfaitement conscience d'opérer un saut dans l'inconnu : Les Chandelles brillent enfin.

À mes côtés, un DJ, un barman et un majordome, choisis et formés par mes soins. Dans ce lieu de tous les possibles, il faut faire l'impossible pour satisfaire chacun : je les veux efficaces et discrets, attentifs et bienveillants. Ils doivent se fondre dans le décor tout en anticipant les exigences des hôtes. Un vrai talent. Et ils sont talentueux. Ils me seront longtemps fidèles et les habitués apprécieront leur présence attentionnée.

J'imprime aussitôt ma signature : une *porte* stricte. Les Chandelles s'adressent aux êtres ouverts d'esprit et sensibles au glamour, à l'élégance et à l'esthétisme festifs, aux tenants de la liberté érotique et du respect d'autrui.

Je mesure l'importance de ce sas s'ouvrant sur une infinité de sensations et de surprises. Je veux une porte exigeante pour préserver la quiétude de mes hôtes et leur signifier mon plaisir à les accueillir. Cette rigueur me sera parfois reprochée. Je ne cesserai de la revendiquer : Les Chandelles se méritent et j'assume cet élitisme. D'ailleurs, mes hôtes seront ensuite les premiers à l'exiger aussi. Je sais qu'il peut être gênant et décevant de se voir refoulé de la rue Thérèse. Mais lorsque je refuse l'entrée – toujours avec politesse et discrétion –, il n'y a là ni volonté de nuire ni plaisir à vexer : je fonde mes choix sur des intuitions et des ressentis, parfois sur des nécessités de confort et de sécurité.

Je m'assure, avant toute chose, que les femmes venant chez moi sont conscientes de la nature particulière des lieux, qu'aucune contrainte ne les y conduit et qu'elles seront libres d'y faire ce qu'elles veulent, sans obligation, au gré de leur seule fantaisie. Le *non* est respecté et entendu. Il est même sacré : s'il doit être prononcé deux fois, c'est une fois de trop et cela vaut l'exclusion du goujat. Par chance et par volonté, c'est rarissime. J'exige le consentement et j'espère le contentement.

Les hommes sont tenus de nous séduire. Les efforts de toilette sont indispensables, la beauté physique ne fait pas tout. Prendre soin de son apparence signe l'estime de soi et de l'autre. C'est aussi un langage de séduction. S'apprêter participe à la mise en scène des envies et des fantasmes.

La femme peut être féministe et porter des talons aiguilles. Féminité et féminisme ne sont pas des valeurs antagonistes. Bien au contraire. De même, l'homme peut-il se montrer distingué et apprêté sans renoncer pour autant à sa masculinité, à sa virilité. Et j'adore l'idée qu'un homme et une femme se sont préparés ensemble pour se rendre aux Chandelles, chacun cultivant élégance et sensualité. Pour se plaire autant que pour troubler les autres.

Le 25 décembre 1993, il est trois heures du matin lorsque les derniers couples s'esquivent. L'absence de mon homme – disparu je ne sais où – ne m'aura en rien gênée. À la réflexion, cela fait sens d'ouvrir seule les portes du paradis. Celles de l'enfer, c'est en sa compagnie que je les franchis trop souvent.

Épuisée et ravie, je me rends dans un hôtel voisin, plutôt que de retourner en vallée de Chevreuse. Ce *Noël aux Chandelles* est un cadeau que je me suis offert. Et il donne un sens à ma vie. J'ai vingt-six ans.

Le lendemain, j'y retourne dès quinze heures et jusqu'au bout de la nuit.

Le succès viendra rapidement : le bouche-à-oreille fonctionnera au-delà de toute espérance, après-midi et soir.

PHILOSOPHIE DANS LE BOUGEOIR

Comment qualifier la philosophie des Chandelles ? L'exercice est périlleux mais nécessaire : il dessine le profil de mes hôtes, il fonde l'ambiance des lieux, il en cerne les émotions et les émois. Je le confie donc à un expert, qui est également un ami : Alain Héril est psychanalyste et sexothérapeute depuis trente ans; il forme des psychopraticiens et a publié de nombreux ouvrages; professeur émérite, il a été nommé ambassadeur de l'Unesco lors de l'Année de la lumière en 2018.

« Les Chandelles sont le lieu du féminin dans sa splendeur et sa puissance. Les Chandelles ne sont pas une simple intellectualisation de la sexualité mais une expérience initiatique, une invitation au pays du mystère de la rencontre et des sens.

Les Chandelles changent l'ordonnancement de nos habitudes. Elles sont hors sol et hors temps et, de ce fait, éternelles.

La *femme Chandelles* est conquérante. Elle arpente le monde la tête haute et suscite le regard admiratif de celles et de ceux qui la croisent. C'est une femme libre qui cultive son intuition, qui ose se dire et se montrer, qui assume la beauté de son corps et la force de son âme. Elle est une élégante sensuelle et mutine, conquérante et dansante. On désire la connaître car elle est porteuse de mystère et de révélation. Elle crée la lumière à chaque instant de sa vie car elle est dans la magie de sa puissance.

L'*homme Chandelles* est un homme attentif. Rien en lui n'est précipité. Il sait offrir à celles et ceux qui l'entourent une oreille attentive et sagace. Il est naturellement élégant. Il ne joue pas un rôle : il incarne ce qu'il est au plus profond de lui-même. Il est souple et gracieux. Son sourire est rassurant et son âme tranquille. Il parcourt la vie en posant un regard curieux sur la beauté qui l'entoure.

Le *couple Chandelles*, ce sont le masculin et le féminin entrelacés avec subtilité. Ce couple inverse les codes, défait les idées reçues. Il n'est jamais là où on l'attend car la créativité est son moteur. À chacun de ses pas, le monde entre dans la danse sauvage et subtile de la passion, et du parfum enivrant de la complicité sans contrainte.

Les *mots-clés* des *Chandelles* se répondent en un long feulement extatique : élégance, féminité, plaisir, séduction, désir, surprise, inconnu, curiosité, liberté, sensualité, gourmandise, partage, mystère, fantasme, respect, hédonisme, érotisme, suavité, effluve, saveur, délicatesse, orgasme, jouissance, complicité, consentement, beauté, amour. »

Et, d'expérience, tout ceci se vit ici, rue Thérèse. J'en veux pour preuve cette soirée thématique durant laquelle mes sens sont chamboulés par le parfum d'une femme. Ma quête d'elle devient mon obsession. À qui appartient cette odeur entêtante et excitante ? Dans l'alcôve où chaque femme est revêtue d'un voile léger, je cherche la déesse au parfum enivrant, je glisse ma main sous les étoffes, j'approche mon nez des corps qui m'entourent. Au travers des voiles je distingue des seins, des fesses, des jambes, des cambrures... Je tâtonne et je tâte mais c'est mon odorat qui veut être comblé ! Je veux faire l'amour avec celle dont la peau s'enrichit de cette suavité qui me bouleverse. Au cœur de l'obscurité, je hume soudain une chevelure qui diffuse ces effluves magiques. J'approche ma main de ce corps désiré dont je retire le voile. Le parfum me saute au cœur comme un tigre. Je plonge mon nez dans les plis profonds de la Femme Odorante. Son parfum me fait tourner la tête. J'ai envie d'elle. Je pose ma main sur son sexe et je sens aussitôt son humidité. Debout, collée à moi, elle écarte délicatement les jambes et s'abandonne à mes caresses. Je sens son souffle dans mon oreille et sa difficulté à rester silencieuse. Sa jouissance bientôt me comble tandis que ma bouche, perdue dans sa nuque, se nourrit de ses odeurs insensées. À son tour, elle me caresse, m'explore, me fouille, me goûte, me dévore. Et mon orgasme se perd dans un long gémissement, ses cheveux aux senteurs affolantes recouvrant mon buste.

UNE LONGUE DÉMENCE DE FIANÇAILLES

Lorsque je quitte le club, les angoisses dévorantes et destructrices me retrouvent aussitôt. Comme de vieilles compagnes dont j'aimerais tant me séparer. Je sens un malaise dans notre couple. Tout me semble confus, flou. Je vogue dans un brouillard dense, qui m'engourdit chaque jour un peu plus. Ma capacité à penser se réduit inexorablement. Mes sensations sont anesthésiées. Pourtant, je pressens que nombre des allégations de mon homme sont mensongères. Mais sa force de persuasion a raison de mes doutes et conforte ma croyance selon laquelle je suis folle : elle m'a été si souvent martelée, depuis l'adolescence, j'ai fini par y croire. Quand il me traite ainsi, il fait mouche : jouissance sadique pour lui ; triomphe masochiste pour moi.

Je ne comprends pas ses absences. Il vaque à des occupations que j'ignore, injoignable. Je ne constate aucun revenu consécutif à son soi-disant travail. À l'écouter, il se démultiplie, exerce mille métiers, excelle en tout. Tantôt dans l'organisation de transports, tantôt dans l'ingénierie sonore. Je contacte la directrice des ressources humaines de la radio périphérique où ses talents s'exprimeraient en sourdine : elle ne le connaît pas. Je m'en ouvre à lui. Douter de sa parole le fait aussitôt sortir de ses gonds :

« Je ne suis pas dans ses registres parce que je suis intervenant indépendant. Cesse cette folie de tout vouloir savoir ! »

Ses secrets seront bien gardés et ses absences inexpliquées dureront dix ans. Il ne donne jamais de réponse. Lorsque son narcissisme vacille sous mes questions, que ses esquives sont illusoires et sa mythomanie grotesque, il part dans une colère noire. Les coups pleuvent : des coups qu'on voie, des coups qu'on ne voit pas et des coups qu'on oublie. Quels qu'ils soient, les siens sont aiguisés et sournois.

La relation avec sa famille est mystérieuse. Il ne m'a jamais présenté l'un de ses proches. Il a réponse à tout pour justifier ce paradoxe : un drame vécu avec sa fratrie aurait eu raison de leurs liens. Quand sa mère décède en 1996, il se rend seul aux funérailles. Sept ans plus tard, je découvrirai que sa mère est morte seulement quelques mois auparavant, à l'automne 2003. Que s'est-il passé pour qu'il préfère la prétendre disparue depuis si longtemps ?

Je me résigne à tous les sacrifices pour me croire vivante ou plutôt me sentir vivante.

Je me meurs intérieurement, je survis, je marche sur le fil du rasoir. Pourtant, l'idée de le quitter m'avait déjà effleurée. Mais je ne pouvais prendre le risque de vivre une rupture, synonyme d'abandon. Je flotterai encore longtemps dans cette ambivalence. J'avance comme un robot. Je fonctionne. Ce faisant, j'entretiens ma dérive. Avec lui, je suis une morte vivante, sans lui, je me meurs. Je suis avec quelqu'un sans être moi-même.

La souffrance de mon quotidien favorise la déstructuration de ma pensée. La folie m'enferme dans une centrifugeuse qui, elle, ne perd jamais sa boussole. La folie a du sens et un sens. Je ne connais pas encore le sens de ce que je vis.

Je dis de moins en moins. Puis je ne dis plus. J'entasse tout ce qui est indigeste, tout ce qui est indicible dans mon coffre-fort à secrets, ma crypte. Le goût âpre des non-dits, des secrets m'est familier.

Puis-je mettre des mots sur mes maux ? Je n'en suis pas certaine. Je subis les évènements autant que je me tolère. Puis-je saisir une main tendue et une intention sincère ? Je ne crois pas. J'ai peu de foi dans la bienveillance et l'empathie. Il me faut donc aller au bout de mon expérience.

Nous décidons de nous marier. Il s'agit de me rassurer sur son engagement. De son côté, c'est surtout une transaction commerciale : l'*opération Chandelles*. Un jackpot possible. Ce projet d'union est un leurre. Pourtant j'accepte cette mise en scène trompeuse. J'ai dit *oui* au besoin impérieux de me sentir être quelqu'un au prix de moi-même. Mais le sacrifice de qui je suis vraiment est moins douloureux que la traversée du vide.

Un mois avant notre mariage, la société subit un contrôle fiscal. Gérante de la société et actionnaire minoritaire, je constitue le bouclier parfait, l'idiote utile. Aux yeux de l'administration, je suis responsable de la dette. L'État réclame une somme exorbitante. Quitter mon futur mari n'est plus au programme : je dois d'abord solder ce litige.

« Des femmes telles que vous, nous en croisons beaucoup : vous paierez. »

Je protège ainsi un fonctionnement dans lequel je suis malmenée. Victime *et* coupable. Aveuglée *mais* consentante. Entre être *mal aimée* et demeurer *sans amour aucun*, je choisis alors ce que je pense être le moindre des maux : rester. Et payer. M'aimer ? Quelle idée saugrenue !

ICI ET NULLE PART AILLEURS

Soir après soir, j'accours avec frénésie aux Chandelles. J'aime retrouver l'escalier, tout en rondeur, doré et chatoyant; les voûtes tapissées de velours écarlate et décorées de pampilles en cristal; l'exquise tenture framboise qui me rappelle la teinte des mamelons féminins; la lumière tamisée des bougeoirs qui se reflète dans l'ébène des boiseries. Dès l'entrée, on est transporté dans un ailleurs. Le temps suspend ses affres.

La femme ici se montre entreprenante et confiante : elle ose et se surprend. Elle ressent la liberté d'y faire ce qu'elle veut – ou de ne rien faire –, quand elle veut, comme elle veut et avec qui elle veut. Le souffle de la liberté s'accorde au vent du libertinage. Émerge alors un érotisme audacieux où la femme est en majesté. Je m'enquiers régulièrement de son bien-être, je l'accompagne dans cet univers qui est son royaume. Ici, c'est sa bulle. Ici, c'est son moment à elle.

Entre femmes, ni jalousie, ni tension ni frustration : on s'accepte, on se respecte, des connivences se révèlent. Dans l'excitation née des lieux et de leur ambiance, des tentations inédites s'expriment parfois : l'attrait imprévu pour le même sexe et sans que pour autant il ne s'agisse d'homosexualité.

J'ai toujours envisagé l'érotisme comme une succession de moments correspondant aux différents rituels de la séduction, cérébrale ou physique. Aussi, les espaces de mon club se prêtent-ils à ces alternances. Tous les libertinages peuvent alors s'exprimer et les sens explorer l'infinie palette des plaisirs charnels.

Les alcôves sont des architectures tentatrices. Chacune a son ambiance particulière. Lorsqu'on s'en approche, on est insensiblement attiré par la pénombre mouvante des lieux. La proximité des silhouettes alanguies, la tension érotique qui s'en dégage, le bruit mat des corps qui se donnent, les chuchotements, les soupirs et les jouissances soudainement exprimées… tout concourt alors à s'y perdre. Entrevoir, deviner, entendre, sentir, frôler, toucher : tous les sens sont en alerte. L'érotisme envahit l'espace et les esprits : l'abandon est proche. Il s'exprimera de mille manières, au gré des fantaisies de chacun. Certains se satisfont seulement d'observer : savoir que tout est suggéré et rien n'est imposé rassurent les plus rétifs, les plus timides. Savoir que tout est possible – y compris ne rien faire – est un excellent stimulant du désir. L'imaginaire s'emballe et il peut suffire à certains : le passage à l'acte n'est pas à l'ordre du jour ; peut-être une autre fois ? D'autres s'abandonnent, se laissent emporter, prennent des initiatives. Autour des grandes couches sur lesquelles des corps se mêlent, s'entrelacent ou se jouxtent, hommes et femmes se frôlent, se serrent, s'observent, s'effleurent, se caressent. Regards troublés, gestes audacieux, progression insensible du désir. Les étoffes se froissent, les peaux se touchent enfin. Et l'on bascule inexorablement dans le plaisir en rejoignant celles et ceux qui, déjà, font l'amour. Debout ou allongés, qu'importe.

Les lieux changent souvent de décor afin de surprendre toujours plus celles et ceux qui aiment à y venir ou y revenir. Je réinvente nuit après nuit l'art de la séduction, la liberté érotique et l'esprit festif. Je consacre l'essentiel de mon temps à l'accueil et au bien-être des hôtes : chaque détail compte lorsqu'on touche à l'intime, à la sexualité. Y compris et surtout l'hygiène : tout est impeccable, régulièrement vérifié par le personnel. *Nickel* est le mot d'ordre. Attentive et maniaque, je scrute les lieux : rien ne doit manquer au confort de mes hôtes. Et certainement pas les préservatifs, les serviettes de bain, les savons ou les produits de beauté. Longtemps, on me taquinera même sur l'odeur mentholée qui flotte parfois dans l'air : non, ce n'est pas un désodorisant trop puissant mais bien plutôt des bonbons exhalant ce parfum et que les convives aiment à sucer pour se rafraîchir l'haleine.

L'âme des lieux s'exprime aussi dans la musique. La piste est un lieu de séduction, d'approche, d'expression et d'observation. Une parenthèse aussi, entre jeux libertins dans les alcôves ou conversations badines près du bar. Regards, frôlements suggestifs, exhibition rythmée des corps, jeux de reflets dans les miroirs et les lumières, transe parfois… Toutefois, ni nudité intégrale ni étreintes trop explicites : la danse avant tout. Souvent, j'aime m'y accorder un moment de pure joie, de détente extatique. Au rythme d'une danse sensuelle, de douces émotions me submergent. Tous mes sens sont en émoi : Je me sens femme… Je m'élance sur la piste, je lance un regard enveloppé de désir, je suis joueuse, provocatrice, sensuelle… entrez dans la transe !

La nuit, je suis animée par une force plus grande que moi, une possession, une obsession : la nécessité viscérale de glorifier la femme, sa féminité, son désir, son plaisir. Je crée parfaitement pour les autres ce qui me manque le plus. Dans les limbes obscurs, les jeux de la chair m'apportent un bien-être intense, une libération immédiate. Cette addiction me rend capable de toutes les audaces. L'exhibitionnisme colmate mes blessures. Si je me sens désirée, je me sens exister. Je fantasme donc je suis ?

HOME SHIT HOME

De retour chez moi, je redeviens l'ombre de moi-même, formatée par l'autre. C'est ainsi que j'accepte de ne plus lire.

« Chérie, j'ai besoin de te sentir près de moi. Mais tes livres nous éloignent l'un de l'autre. »

Autrement dit, je ne prends pas soin de notre relation. Je suis coupable. Pourtant et depuis toujours, lire m'est vital. Je capitule néanmoins.

Insultes et humiliations se multiplient. Lorsqu'il se moque de moi en public, j'esquisse un sourire. Rétorquer casserait l'ambiance et je passerais pour une bêcheuse. Je me tais.

Toute occasion est bonne pour me crucifier. La surprise ajoute à la dévastation. Un mot, un seul, et je suis à terre, fouettée à coups de mots, subissant sans broncher ces cruautés invisibles.

Devant des amis venus déjeuner, il pérore :

« J'envoie ma vache au taureau. »

Choqués et pantois, ils savent que se dresser contre lui, c'est prendre le risque de m'isoler davantage. Alors ils se taisent.

À la violence verbale s'ajoutent les tromperies et les machinations. Chacun sait qu'il a d'innombrables maîtresses. Lorsque cela me revient aux oreilles, je refuse l'évidence.

Une amie me montre un cliché : il est en compagnie d'une amante, sur la plage de l'hôtel Martinez, à Cannes. Mais je préfère croire sa version colérique et outrée selon laquelle c'est un montage photo :

« Elle est jalouse de ton bonheur : elle le salit en me salissant, voilà tout. »

S'ensuivent des mots d'amour destinés à taire mes inquiétudes et des reproches condamnant ma jalousie malsaine.

Une proche s'inquiète de mon état de santé : je décline chaque jour, mes traits se creusent, ma silhouette s'étiole. Elle l'avise de ses intentions de le dénoncer à la police, craignant mon suicide ou, pire encore, un meurtre maquillé en disparition. Menacé, il passe à l'action : elle perd son emploi et il s'arrange pour l'éloigner définitivement de moi.

Nous partons en vacances avec Emma, une amie. Il tente en vain de la mettre dans son lit. Je la protège de ses assauts. Il la congédie et m'isole davantage.

« Ces amitiés sont inutiles, ma chérie. Elles menacent notre bonheur et ne t'apportent rien. Mon amour est le seul qui vaille ! »

Toute relation trop intime doit être contrôlée ou brisée. C'est la règle. Et le piège.

Un soir, Calie, du haut de ses dix-huit ans magnifiques, tombe sous mon charme aux Chandelles. Elle me déclare sa flamme. Aussitôt informé, il manipule sa crédulité et lui fait croire que si elle devient sa maîtresse, il l'aidera à obtenir ce qu'elle veut : moi. Je deviens un cadeau à offrir ! Calie ne comprend pas mon refus entêté. Pourtant, je ne suis pas amoureuse d'elle. Elle le comprend d'autant moins qu'il l'entretient dans de fausses croyances. Calie, au bord du précipice, s'installe dans notre appartement, avec larmes et bagages. Je la prie de rentrer chez elle. Elle menace de se suicider. Il s'interpose :

« Par ta faute, elle va se tuer ! »

La culpabilité me rattrape et je cède. Je vis des situations impensables. La honte me verrouille. Le silence me tue. Diviser pour régner est une perversion qu'il maîtrise parfaitement pour accroître son emprise. Dans ce jeu de dupe menant à tous les échecs, je ne suis qu'un pion. Pas même la reine.

L'atmosphère de l'appartement devient irrespirable. Je me sens oppressée. Les murs se déforment et m'écrasent. Je ne me vante pas de ces hallucinations visuelles : je sais le risque de telles confidences qui le feraient jubiler. Je trouve la force de me contenir en récitant inlassablement de courtes prières. Les céphalées me rongent.

Incapable de le quitter, je fuis dans les tourbillons de la nuit, et dans les bras d'un autre : Arnaud. Il devient ma bouée. Je ne m'en cache pas. Y compris aux Chandelles. Mon mari a désormais d'excellentes raisons de se plaindre, d'autant qu'il se montre irréprochable en société. Je passe pour la mauvaise épouse, la garce. Et lui, pour la victime de mes vices. Je quitte Arnaud le jour où je comprends qu'il n'est pas le prince que j'attendais : comme toujours, je délègue à autrui le pouvoir de me sauver plutôt que de trouver cette force en moi, croyant ce miracle impossible.

En pleine nuit, je m'effondre aux Chandelles, sous les regards stupéfaits.

« Je ne veux plus rien voir, je ne veux plus rien entendre. »

La vérité est tout autre, même si je n'ose la clamer publiquement : je ne veux plus voir mon mari, je veux le quitter. J'entre à l'hôpital américain de Neuilly, le lendemain. Je demande aussitôt l'aide du psychiatre qui me suit. J'ai débuté, en effet, une thérapie en octobre 1997, après la mort de mon père, disparu à cinquante-sept ans. J'espère ainsi pouvoir souffler. J'implore le praticien de refuser la venue de mon mari ; il interdira toutes les visites, sauf les siennes. Une trahison supplémentaire.

Durant mon hospitalisation, alors que j'ai prévenu Nicolas, un amant, je m'inquiète de ne recevoir aucune nouvelle de celui-ci. J'apprends, quelques jours plus tard, que mon mari l'a menacé : il sent le danger d'une rupture réelle. Il a peur de perdre son *objet précieux*, du moins est-ce ainsi qu'il me qualifie quand ça l'arrange.

SANS INTERDIT, SENS ÉPANOUIS

Régulièrement, Les Chandelles s'ouvrent à des soirées à thème, destinées à honorer toutes les facettes d'un érotisme distingué et festif. Le libertinage sophistiqué du siècle des Lumières, les ambiances ambiguës d'*Eyes Wide Shut* de Kubrick, les fantaisies exotiques d'*Emmanuelle*… tout m'inspire alors.

Prêtresse de l'amour ? Non, je n'ai pas cette prétention. Maîtresse des plaisirs ? Oui, j'ai cette ambition. Mon boudoir est donc un théâtre dont les saynètes et les acteurs se renouvellent constamment. C'est une scène où chacun se donne en spectacle au gré de son inspiration et de sa fantaisie.

J'aime varier les ambiances, le décor, la musique, les buffets, l'atmosphère : surprendre encore, émerveiller toujours !

« Quelle débauche… d'énergie ! »

Comme cette amie écrivaine coutumière des lieux et qui exprime avec humour son appétence pour ces surprises, mes hôtes apprécient ces folies : elles font des lieux un univers fantasmagorique hors sol et hors temps. Les Chandelles sont une respiration gourmande, un rendez-vous mystérieux.

Habitués ou non, libertins ou non, j'aime étonner mes hôtes, les éblouir, leur permettre d'exprimer librement le sens de la fête autant que la fête des sens. Et ces rendez-vous leur sont précieux : ils aiment y songer à l'avance, s'y préparer jusque dans les moindres détails. La cérébralité nourrit l'extase à venir.

« S'y divertir toujours, s'y pervertir parfois… »

Je vis l'aveu de ce couple, habitué de ces soirées, comme un compliment.

Pour autant, je me refuse à classer schématiquement ces moments particuliers, à leur attribuer une dénomination réductrice : triolisme, échangisme, mélangisme, saphisme, exhibitionnisme, voyeurisme… L'érotisme ne se résume certainement pas à des pratiques sexuelles scientifiquement répertoriées ni au nombre de leurs participants ou à la nature des positions pratiquées. Cette façon de cloisonner la sexualité en autant de chapelles qu'on veut croire si distinctes les unes des autres est grotesque.

L'érotisme n'est ni une science exacte, ni une religion : il est la vie dans son infini mystère, et la liberté dans ses dimensions si variées. Et j'entends que Les Chandelles traduisent cet état d'esprit.

Avec, encore et toujours, la primauté de la femme, de ses désirs et de ses plaisirs sur toute autre considération.

Lors de l'une de ces fêtes et au gré d'une conversation tardive, une amie me confesse ses émois :

« Valérie, figure-toi que tout à l'heure, dans l'une des alcôves, près de mon mari, j'ai été abordée par une brune dont l'amant encourageait les jeux de séduction. Et elle a posé ses mains sur mon bustier.

— Était-ce la première fois ??

— Oui. Et j'avoue avoir apprécié cette surprise. Ses mains sont remontées vers mes seins, je me suis sentie gênée et émoustillée à la fois. Je me suis laissé faire.

— Et qu'en pensait ton mari ?

— Il m'encourageait à ne pas la repousser. Il a même ôté ses mains de mes hanches pour m'abandonner à ma voisine.

— Dirais-tu que cela lui a plu ?

— Oui… Il est assez voyeur, ça l'excitait !

— Et comment était-ce pour toi ?

— J'étais comme une adolescente découvrant ses premiers émois. La douceur d'une peau de femme, l'originalité de ses baisers, la sensualité particulière de ses caresses, une étrange complicité rieuse et tendre… tout ça m'a troublée.

— Mais encore ?

— Nous nous sommes ensuite allongées sur les matelas, près des couples qui faisaient l'amour. Elle a fini de me dévêtir, mon mari a ôté mes escarpins et j'ai été prise dans une sarabande frénétique : elle était très douée…

— Tu as joui ?

— Très fort, et je ne m'y attendais absolument pas…

— Et ensuite ?

— Mon mari et l'amant de cette femme nous ont rejointes sur la couche.

— Vous avez échangé vos hommes ?

— Non. Mais sentir la peau des autres frôlant la mienne, entendre leurs gémissements, les observer à la dérobée tandis que mon mari me prenait, là encore ce fut vraiment très bon. Nous avons joui violemment, lui et moi. »

Je souris de son ravissement inattendu.

« Tu crois que je suis devenue bisexuelle, Valérie ?

— Bi, pas nécessairement, mais audacieuse, oui ! »

Elle m'embrasse sur la joue et part rejoindre son mari qui l'attend près de l'escalier pour rentrer chez eux.

Les impératifs de discrétion me contraignent parfois à dénouer des situations délicates. Un homme me retrouve à l'accueil, inquiet. Son épouse est déjà sur la piste de danse. Dans un chuchotement, l'élégant quinquagénaire m'interroge avec gravité :

« Valérie, avez-vous déjà croisé mon fils ici même ? »

Il décline l'identité du garçon, m'en dresse un portrait assez précis. Je fais aussitôt le rapprochement avec un très beau jeune homme qui vient ici régulièrement, toujours bien accompagné. Que lui répondre ? Je sens poindre son angoisse. Et tente de le rassurer :

« Mais sait-il que vous fréquentez le club ?

— Je l'ignore. En revanche, lui s'en est vanté devant mon épouse et moi… Alors, si nous devions, par extraordinaire, nous croiser ici, ce serait une situation gênante, voire regrettable ! »

J'imagine en effet le tableau de retrouvailles familiales inopinées rue Thérèse. Je garde mon sérieux :

« Je suggère de vous prévenir désormais de sa présence afin d'éviter tout quiproquo regrettable.

— Parfait. Mais ce soir, savez-vous s'il viendra ?

— Aucune idée. Mais si tel était le cas, je lui refuserais exceptionnellement l'entrée, c'est promis. »

Calmé, l'homme descend rejoindre sa femme.

Quelquefois, mon théâtre d'ombres s'apparente à une pièce de Feydeau : le risque est alors grand de voir les portes claquer et les situations virer au cocasse. La diplomatie, le tact et l'humour parviennent à dénouer les crises potentielles.

C'est le cas lorsqu'une magnifique Norvégienne, à peine arrivée, quitte précipitamment les lieux. La connaissant, je m'enquiers de son bien-être :

« Que se passe-t-il ?

— Rien, Valérie, je pars à Saint-Tropez demain… et il se fait tard !

— Mais tu viens d'arriver… »

L'explication me semble un peu courte. Bientôt, la Scandinave sculpturale avoue déserter le boudoir car elle y a entraperçu sa sœur, sans son beau-frère mais en charmante compagnie néanmoins :

« Et dire qu'elle me certifiait ne pouvoir partir avec moi demain dans le Sud, sous prétexte d'une surcharge de travail… »

Une autre fois, c'est un couple habitué des alcôves qui m'avoue disposer sur la porte du frigo familial le planning de leurs libertinages afin que leur fille, tout aussi libertine, ne puisse les croiser ici même. La morale est sauve.

Lors d'une soirée à thème, un homme que je connais bien se présente avec une complice qui, à l'évidence, n'est pas sa femme :

« Valérie, je vous présente une amie. Mon épouse est clouée au lit avec une fièvre de cheval et Ariane s'est dévouée pour m'accompagner chez vous…

— Quel beau geste !

— N'est-ce pas ?! »

Une heure plus tard, son épouse – censément malade – franchit la porte des Chandelles en compagnie d'un homme qui, nul n'en doute, est son jeune amant. Elle est un peu gênée :

« Surtout, Valérie, ne dites rien à mon époux la prochaine fois. Il me pense grippée et il s'est absenté quarante-huit heures pour ses affaires…

— Je suis une tombe, nul n'en saura rien. »

J'anticipe aussitôt la scène de ménage et je me précipite dans les alcôves à la recherche du mari officiel. Je le retrouve, nu, batifolant avec son amie du moment et quelques autres complices. Discrètement, je leur fais signe de me suivre vers l'issue de secours afin d'éviter des retrouvailles fâcheuses et inopinées.

Une nuit du 31 décembre, c'est un avocat célèbre qui, s'étant durement opposé à une consœur lors d'un procès aux assises, la retrouve ici même deux jours après. Leur réconciliation se déroulera dans les alcôves lors de joutes beaucoup moins académiques que leurs plaidoiries.

Décidément, le libertinage n'est pas toujours une partie de plaisir…

LA SALLE DE BIEN

Je déploie un temps fou pour soigner mon apparence. Manucure, pédicure, soins esthétiques, coiffure. Puis vient le choix des tenues : robe ou jupe ? Dessous ajourés ou nudité assumée ? Escarpins ou bottines ? Bijoux précieux ou accessoires fantaisie ? Salle de bains et dressing sont des refuges oniriques, les boutiques des escapades chimériques. Le superficiel m'est essentiel.

Je consacre deux heures chaque jour à ces apprêts. Je chausse des talons aiguilles matin, midi et soir. Ainsi perchée devant mon miroir, je crains toujours le verdict du seul baromètre qui vaille : le regard de l'autre. Me sentir désirée, c'est être digne d'intérêt. C'est exister un peu.

Je confonds attention et désir, sexe et sentiment. Je me montre accessible et désirable, alors que je suis avant toute chose avide d'amour. Les jeux de la chair me procurent des sensations fortes : je me sens vivante, un court instant. Il me faut ma dose, encore et *en-corps*. Le sexe jusqu'à la nausée m'évite de sombrer, l'humour m'épargne des torrents de larmes.

Ce soir-là, alors que je me maquille devant mon miroir, j'ai des pensées indicibles, honteuses. L'une d'elles a l'effet d'un missile : « Et si je ne rinçais pas la baignoire ? » Mon mari pourrait glisser, se faire très mal, et peut-être, même, avec un peu de chance... Ces mots ignobles osent franchir ma censure. Ils traversent mon esprit à la vitesse de la lumière. Ils m'effraient. Ils me font l'effet d'une gifle. La victime que je prétends être n'est donc pas angélique. Elle peut se transformer en bourreau d'un claquement de doigts. Je me fais peur. Je réalise que mon fonctionnement est binaire. C'est lui ou moi. Je ne laisse aucune place à la relation. Il n'est pas seul à jouer la partie. Nous sommes deux. Il est temps pour moi de travailler à un changement ou de me fuir encore et encore... En gardant le costume étriqué de la victime pathétique.

Dans une heure, le rideau se lève aux Chandelles, ma bulle, ma respiration, mon théâtre d'ombres et de lumière. Je m'y sens tellement plus respectée. J'y retrouve des amis, on m'y fête, j'y ris et j'y danse, aérienne et accessible, volubile et voluptueuse. Là, je m'abandonne à la vie. La mienne et celle des autres. Dans mon boudoir de la rue Thérèse, j'exige la beauté des âmes, l'intelligence des comportements, l'élégance des attitudes. Toutes choses absentes de ma vie de couple. Vulgarité et vanité sont bannies. Connus et inconnus sont ici traités sur un pied d'égalité. L'alchimie des lieux se fonde sur la concorde chaleureuse de celles et de ceux qui les investissent. On ne vient pas ici pour se montrer, se pavaner : on vient ici pour se séduire, s'émouvoir, se distraire, s'exonérer d'un quotidien trop prévisible ou fastidieux.

Il m'arrivera parfois de refouler des personnalités, françaises ou étrangères, trop certaines de leur statut pour s'exonérer de mes impératifs : une tenue adéquate, une attitude respectueuse. L'arrogance n'est pas la bienvenue. Le négligé non plus. Car alors, en effet, *I can't get no satisfaction…*

Le premier VIP qui franchit Les Chandelles sera un comédien connu du petit et du grand écran. Je l'accueille quelques semaines après l'ouverture du club. Ma question est alors de savoir comment il réagira face à des inconnus qui, eux, le dévisageront nécessairement. L'inverse n'est pas moins vrai : comment ces derniers vont-ils ressentir cette présence : gêne réciproque ? Curiosité déplacée ? J'ai aussitôt la réponse : le mieux du monde. Les VIP apprécient l'anonymat qui les autorise à tomber le masque, à retrouver une fluidité relationnelle que leur vie publique interdit souvent. Quant aux inconnus qui les côtoient, ils savent apprécier ce naturel retrouvé tout en respectant ce besoin de discrétion : s'ensuivent des échanges agréables, des séductions ludiques, parfois des jeux complices. Je suis sensible à ce que, ainsi, quiconque venant chez moi soit respecté pour ce qu'il est et non pour ce qu'il représente.

Aux Chandelles, le rapport aux autres est différent, c'est une expérience étrange et non-conformiste. On peut y rencontrer des personnes qu'on n'aurait jamais croisées ailleurs ou autrement; parfois même s'en faire des complices ou des amis. J'assiste alors à des moments de grâce : des personnalités mêlées à des inconnus discutent à bâtons rompus. Entre confiance et confidences. Entre innocence et insouciance. Sans gravité inutile, sans jalousie ni culpabilité. Librement. Ici la séduction intellectuelle opère. Les discussions, variées, tournent rarement autour du sexe. On échange des propos davantage que des partenaires. Et ces débats de salon ne se transforment pas forcément en ébats d'alcôves. Cette atmosphère raffinée m'enchante, je la sais précieuse pour mes hôtes.

Décidément, Les Chandelles me réparent et me reconstruisent. Elles éclairent encore et toujours un horizon incertain. La nuit plutôt que l'ennui.

VOIX SANS ISSUE

Tenue de me taire, seul mon corps s'exprime. Et il est sans cesse malmené : régimes agressifs, séances de sport intenses… et recours au bistouri. Je décide une opération des seins, convaincue qu'ils sont trop gros. Je choisis un chirurgien jouissant d'une excellente réputation.

Hélas, quelques jours après l'intervention, le sein gauche rejette la prothèse. Je repasse sur le bloc. Mon corps s'entête : nouveau rejet. On m'opère ainsi une dizaine de fois. L'état de mes seins se dégrade. Je maigris à vue d'œil, perdant douze kilos en quelques semaines.

Un dimanche matin, un ami m'emmène voir mes chevaux à Villepreux, dans les Yvelines. Je fais un malaise dans la voiture, porte de Saint-Cloud. Il me reconduit chez moi et contacte le médecin car j'ai une très forte fièvre.

Je passe la journée seule, sous la couette. Le soir, lorsque mon mari rentre d'une escapade avec l'une de ses maîtresses, je lui demande de m'emmener à l'hôpital. Il préfère me déposer de nouveau à la clinique fatidique. Je refuse pourtant de repasser entre les mains du chirurgien-boucher. Il passe outre. Le lendemain matin, sous perfusion, j'appelle mon mari pour qu'il vienne me chercher. En vain. Inconsciente, je suis conduite au bloc.

Au réveil, il m'observe, avec sa maîtresse attitrée :

« Engage Sophie et forme-la pour qu'elle assure ton remplacement : tu risques d'être de plus en plus absente, vu ton état. »

Abasourdie et humiliée, je me tais. La douleur physique de l'opération me semble moins terrible que l'obscénité et la violence morale de son attitude.

Un soir, une femme souhaite me parler. Elle travaille dans la clinique et m'y délivre des soins. Un bruit de couloir y circule :

« Quand le personnel voit votre nom pour le bloc, il se demande si le chirurgien veut vous achever ! »

Je sors de la clinique et, le soir même, aux Chandelles, je suis perchée sur des Louboutin de douze centimètres, comme si de rien n'était. Le rideau se lève, je me mets en scène, shootée aux antidouleurs.

Un ami, inquiet de mon amaigrissement, m'interroge. C'est un chirurgien. Selon lui, il faut ôter les prothèses, nettoyer et fermer. Je fais valider son diagnostic par un confrère. Mon corps sera amputé d'un sein, l'autre sera très réduit, étant victime d'une chirurgie plastique désastreuse.

Le chirurgien me propose une alternative : soit j'attends que la glande mammaire se reconstitue; soit il m'implante une nouvelle prothèse plus tard. Je choisis la première solution. Ainsi ne serai-je plus seulement des seins à regarder. Je ne serai plus un objet sexuel ni un sujet de séduction. Pas même un sujet de conversation.

2001. En vacances à Marrakech, mon mari reçoit une terrible nouvelle : son fils de vingt ans est mort des suites d'un accident automobile. Il refuse que je l'accompagne tandis qu'il rentre en France. Je reste seule. Le cœur déchiré, l'âme broyée. Il décide seul de ce que nous pouvons ou non partager ensemble. Comme toujours. Je ne m'autorise pas à lui exprimer mon désaccord. J'ai peur de l'humiliation de trop.

Aujourd'hui, je dis à la jeune femme que j'ai été : *Tu as fait ce que tu as pu, à ce moment-là de ta vie. Ne te juge pas. L'important, c'est d'être capable de regarder là où tu étais, où tu n'es plus, d'oser nommer ta miséreuse obéissance sans te condamner et de te faire la promesse que plus jamais tu ne te détourneras de tes valeurs.*

À son retour, il exige de me faire un enfant :

« Tu verras, il ressemblera à mon fils. »

Me voici donc tenue d'enfanter un clone. Le projet avortera. Et je serai qualifiée d'instable et de lunatique.

La dette fiscale, exorbitante, m'enchaîne aux Chandelles. Je vis cela comme une injustice. D'une certaine manière, l'État devient complice de ma lente destruction. Je suis l'ombre de moi-même. La patience devient ma seule alliée. C'est décidé : je solderai les impôts puis j'abandonnerai ma fonction et quitterai mon mari. Les évènements, hélas, ne se dérouleront pas ainsi.

2003. Profitant de la notoriété des Chandelles, il souhaite créer un établissement libertin dans le Sud. Tout s'échafaude en dépit du bon sens, ma parole ne comptant pas. Au paroxysme de sa mégalomanie, encouragé par sa cour, il refuse tout dialogue, certain de sa prescience affirmée et de mon inconsistance supposée.

Je perçois néanmoins dans cette chimère le moyen de retrouver davantage de liberté. De souris, je deviens chat, décidée à ne plus me laisser détruire sans me défendre. L'élève souhaite désormais dépasser son maître.

À condition de maîtriser tout d'abord mon pire ennemi : moi-même.

Et si mon mari m'aimait encore ? Si ses mots doux n'effacent pas les humiliations et les souffrances, ils relancent la machine infernale des doutes : je remets en question mon projet de séparation. Certes, je ne l'aime plus. Depuis longtemps. C'est autre chose qui nous unit : le venin d'une relation mortifère, nourrie de nos errances respectives. Comme toute droguée, je tiens à ma dose et je crains le manque.

Toutefois, je parviens à manœuvrer subtilement : je veille à l'avancement de son nouveau club en lui montrant mon intérêt. Dans le même temps, je prends un avocat pour protéger la marque « Les Chandelles » et l'usage de mon nom. Je sais qu'il utilise ma notoriété parisienne pour asseoir son projet sudiste. Il me met également en avant auprès de ses partenaires financiers. Promotion suprême, je deviens donc une caution morale, une garantie professionnelle ! Mais je ne suis pas dupe de ses objectifs : m'utiliser pour la création de son lupanar, me charger de ses dettes et profiter des éventuels bénéfices avec l'une de ses maîtresses.

Septembre 2003. Il propose de divorcer pour séparer les deux sociétés : il n'envisage pas une rupture du couple, seulement un divorce administratif, de sorte que les intérêts financiers – les siens – demeurent préservés.

Je joue la comédie de l'épouse éplorée. Rassuré, il entame la procédure de divorce. Je le laisse agir et s'enferrer. Il souhaite un vrai-faux divorce. Notre couple était depuis longtemps une coquille vide, une image. L'image déformée d'un couple libre. En réalité, nous étions un couple enfermé dans nos névroses.

Je cherche un logement, mets de l'ordre dans mes papiers et prépare avec mon avocat l'acte d'achat de ses parts. Je lui présente l'offre, un matin, alors qu'il rentre d'une nuit agitée chez l'une de ses maîtresses. Il le regarde à peine ; il signe rapidement le document car il est accompagné d'un joli chèque. Le piège se referme enfin. Je sais que je dois me libérer de ce lien mortifère. Il est temps de briser ces chaînes pour éviter un drame conjugal.

ROULETTE ROSSE

Le jour du divorce approche à grands pas. Nous avons rendez-vous chez le juge le 15 février. Je n'oublierai jamais cette date. J'ai oublié, en revanche, celle de notre mariage. La rupture est l'évènement le plus important de notre relation.

Mais le projet est également terrifiant : j'ai l'impression de sauter dans le vide sans aucun filet de sécurité.

Mes angoisses me tiraillent toujours : et s'il m'aimait encore ? Le doute me torture.

Samedi 12 février 2005. Mon mari me remet une lettre. Trop de phrases, trop de mots, trop de tout qui ne rime plus à rien : « Je t'aime, tu es la femme de ma vie, je ne peux vivre sans toi et bla-bla-bla. » Je vacille. Le lendemain matin, Victoire, une amie qui avait passé la soirée chez moi, rentre en province. Mais elle s'inquiète de me laisser seule en sa compagnie. Elle flaire le danger.

Et, en effet, ce dimanche-là, je joue à la roulette russe. Soignée aux anxiolytiques et aux antidépresseurs, j'avale les cachets par poignées. Sans réfléchir, juste pour arrêter de souffrir. Non pour mourir mais pour tuer la souffrance qui me broie.

Lui m'observe ingurgiter les médicaments puis, sans intervenir, il rejoint tranquillement Les Chandelles.

Je me réveille à l'hôpital, après un lavage d'estomac : Victoire est intervenue. Vu mon état quand elle m'avait quittée, elle savait que je ne sortirais pas. Comme elle n'arrivait pas me joindre, elle s'était inquiétée et avait intimé l'ordre à l'un de mes salariés de demander à mon mari de retourner à notre domicile. Où il prétendait que je me reposais…

Sauvée, je suis ensuite rentrée avec lui. Il m'a aussitôt demandé d'aller voir mon psy :

« Fais-toi soigner ! Tu es complètement folle ! »

J'étais surtout folle de ne pas m'écouter. Folle de ne pas me faire confiance. Folle de douter encore et toujours. Folle de culpabiliser. À quelques jours du divorce, poursuivre ainsi cette errance ne mènerait pas seulement à l'enfer quotidien, mais au cimetière.

Par chance Les Chandelles demeurent mon phare.

LES VIES DENSES

Observatrice et confidente, j'adapte mon boudoir aux attentes des femmes qui le fréquentent. Certaines d'entre elles me donnent des conseils, d'autres me relatent leurs jeux, leurs surprises, leurs abandons. Il règne ici une sororité confiante et amusée. On se parle beaucoup, on rit, on regarde, on écoute, on se surprend, on ose, on s'abandonne. Nulle crainte du jugement, nulle angoisse de l'importun. Ici, les femmes sont libres, moralement et physiquement. Elles règnent, elles choisissent, elles s'expriment par tous les pores de leur peau.

C'est aussi pour elles qu'un temps j'ouvre un restaurant jouxtant mon boudoir. Un lieu où, évidemment, les dîners aux chandelles sont la règle. Un espace gastronomique où la séduction et le désir prennent leur temps. Durant le lent ballet du service, mets et boissons ouvrent tous les appétits : de table en table, on s'observe à la dérobée, on se dévisage parfois plus intensément, on imagine déjà des rapprochements ultérieurs, on s'invite parfois pour faire plus ample connaissance. Durant ces agapes, une tension érotique se propage, délicieuse et feutrée. Les langues se délient peu à peu, les frôlements des convives se font moins anodins, les regards plus directs, les conversations davantage audacieuses. Tout pétille alors, hôtes et champagne. Puis, peu à peu, le restaurant se vide : on se suit ou l'on se précède avec l'impérieuse envie de poursuivre ailleurs les échanges débutés ici. Il est temps de rejoindre la pénombre enchanteresse du boudoir.

Dans le dédale des fantasmes dont Les Chandelles sont l'épicentre, j'attache ainsi une grande importance à démultiplier les ambiances, à surprendre mes hôtes, à satisfaire les moments successifs qui préludent à l'extase : le calme feutré du bar, la quiétude troublante des banquettes, l'exubérance scénique de la piste de danse, le mystère sombre des coursives, la pénombre agitée et tentatrice des alcôves. Comme un cheminement suggéré vers les plaisirs, Les Chandelles autorisent cette lente progression vers le désir et toutes ses expressions.

De même, mon boudoir satisfait-il celles et ceux qui le conçoivent davantage comme un club feutré *so british*, parfois comme un simple salon de conversation, l'antichambre de jeux ultérieurs, partagés ou non avec des inconnus et menés ailleurs qu'ici.

Ce sentiment de liberté irradie mes hôtes : je les devine heureux, curieux, complices, attentifs à autrui comme à eux-mêmes. Tout suggérer sans ne jamais rien imposer. Tout envisager sans savoir, par avance, ce qu'il adviendra.

Certaines de mes invitées deviennent des amies. Nous nous voyons en dehors de mon boudoir, nous déjeunons ou nous dînons seules ou accompagnées, nous partons en week-end ou en vacances, nous faisons du shopping ou allons au spectacle. L'érotisme initial se mue en amitié durable. Nous partageons bien plus que nos seules joutes délurées. C'est aussi cela, la magie des Chandelles.

Beaucoup savourent la possibilité qu'offrent Les Chandelles de rencontrer des personnes que le quotidien, les convenances ou les barrières sociales auraient interdit de croiser, de découvrir. Des amitiés improbables naissent ainsi, des discussions à bâtons rompus s'élaborent ici qui se poursuivent ensuite loin de mon boudoir, certains se découvrent des passions communes, quelques-uns y bâtissent même des projets ou des entreprises. Les Chandelles sont bien le lieu de tous les possibles. Et c'est la philosophie même qui a conduit à leur création.

Cela me comble. Et cela comble aussi le vide mortifère de mon couple.

JUST DIVORCED

Mardi 15 février 2005. Divorce à l'amiable. Lorsque nous entrons dans le cabinet du juge, l'aspect financier est déjà soldé : j'ai racheté ses parts, dettes fiscales comprises. C'était son impératif, le mien étant de couper le lien. En dix minutes, le mariage n'est plus. Je suis à la fois satisfaite et rongée d'inquiétude : que vais-je devenir, seule ?

Malgré la violence masochiste, malgré le risque d'une issue fatale, j'avais besoin de ma dose de toxicité. Ma libido était branchée sur la douleur. J'étais droguée aux liens malsains. Aux liens pervers. La souffrance, doudou ou rempart ?

En réalité, j'étais victime de moi-même, abusée par une vision manichéenne : le bourreau, c'était uniquement l'autre. Je n'étais pas responsable. Victime absoute de tout, j'évitais de me remettre en question. État d'esprit rassurant et suicidaire à la fois. Un leurre commode mais un piège infernal. Car la posture de victime est une imposture : c'est la justification d'une souffrance qu'on entretient inconsciemment avec la complicité du bourreau. Diaboliser l'autre est mensonger : cela évite de se remettre en question. La réalité est que nous avions besoin d'aide tous les deux.

Je m'étais engagée dans une relation mortifère. J'avais choisi de vivre mon couple dans un cercueil. J'y étais allée seule. J'avais agi comme si j'étais une adulte. Je croyais l'être. Je ne l'étais pas. J'étais une adulte avec un comportement dangereux pour moi-même. Et pour les autres ? Je me laissais habiter par les démons qui me hantaient, et qui m'avaient enfermée dans une relation destructrice.

M'affirmer victime était confortable, à ce moment-là de mon existence. Cela me permettait de régler des comptes avec les hommes. Cette attitude sacrificielle m'évitait d'endosser ma part de responsabilité.

Plus tard, grâce à un long processus thérapeutique, j'accepterai de regarder la femme que j'ai été dans cette relation, sans la juger. Ce ne fut pas facile. J'ai admis que j'avais participé à la création de cette relation perverse. Je devais donc comprendre pourquoi je m'étais infligé tant de maltraitance. J'apprendrai aussi à prendre soin de moi, à ne plus abandonner mes désirs ni me laisser vampiriser. Mais j'avais encore à découvrir qu'aimer n'était ni dangereux ni inaccessible, qu'aimer pouvait être une expérience bienveillante.

Lorsque nous descendons du bus, à Palais-Royal, il pose ses lèvres sur les miennes :

« À tout à l'heure, chérie. »

Hélas oui : nous sommes encore unis par les liens satanés du travail. Il demeure mon salarié. Même si je pose les premiers jalons d'une indépendance que j'espère et redoute à la fois.

Me voici divorcée. J'ai trente-huit ans. Et je vais changer ma vie. Je prête à ce divorce des vertus magiques : je crois qu'instantanément je vais aller mieux, débarrassée de mon bourreau, allégée de mes maux.

Pas encore. Pas tout à fait.

Mais, ce soir, j'irai me déhancher sur la piste des Chandelles. Pour sentir mon corps vivant, l'écouter vibrer et entrer en amour avec lui. Ensuite, je dormirai seule, pour la première fois, dans mon nouvel appartement.

CES LIENS QUI NOUS LIBÈRENT

Dans mon boudoir, je suis heureuse de voir se tisser des liens d'amitié, des complicités qui dépassent le seul cadre du libertinage : cette ouverture d'esprit, cette curiosité d'autrui signent aussi la philosophie des lieux. Et leur succès.

« Chez toi, cul et QI se font l'amour. »

Cet habitué a le sens des formules. Parmi mes hôtes, certaines et certains deviennent également des amis. Leur bienveillance et leurs conseils me sont précieux.

D'horizons si divers et de sensibilités si distinctes, ils s'accordent tous pour saluer la tolérance et l'extravagance savamment conjuguées des Chandelles. Un écrin qu'ils savent s'approprier et où ils aiment me retrouver aussi. J'adore leur consacrer du temps : nous parlons longuement, nous dansons, parfois nos gestes s'égarent et nos pensées aussi. Parfois seulement.

Hors de ces murs mystérieux, nous nous rendons régulièrement chez les uns et les autres, pour dîner, discuter, nous confier. Parfois même partir en escapade. Il est surprenant d'imaginer que la sexualité non conformiste s'ouvre ensuite sur des relations plus intimes encore, des connivences intellectuelles et spirituelles. C'est pourtant la vérité. Et c'est exactement ainsi que je conçois l'érotisme. Rire et jouir vont bien ensemble.

Ah, rire ! Sans trahir les secrets d'alcôve, il m'arrive parfois de faire face à des situations cocasses.

Grand habitué du boudoir, un chirurgien esthétique me retrouve sur la piste de danse. Entre deux déhanchements, il s'époumone :

« Formidable soirée, Valérie. Si seulement j'avais le dixième de votre clientèle, je serais très riche !

— Mais les Chandelles ne sont pas votre salle d'attente…

— Croyez bien que je le regrette… »

Un artiste me confie que l'un de ses sketches est né de sa fréquentation des lieux. Avec humour, il suggère de me reverser cinquante pour cent des droits d'auteur tout en en interprétant un extrait.

Je reçois de temps à autre des personnes qui, gênées, m'avouent s'être rendues aux Chandelles et y avoir oublié, dans la confusion des ébats ou dans la précipitation du départ, quelques objets personnels. Il me faut garder mon sérieux lorsque les requêtes se précisent : qui un string de grande marque, qui une paire de lunettes, qui une montre de marque voire un bijou intime. Tant qu'il ne s'agit pas d'y avoir perdu sa complice ou son amant, je fais mon possible pour retrouver ces effets précieux s'ils ont vraiment été égarés ici. Il faut dire que les lieux et les ambiances s'y prêtent. J'hésite un temps à me doter d'un coffret consacré aux objets trouvés. En revanche, nul ne se plaint de vols ou d'attitudes déplacées. L'honneur est donc sauf.

TRENTE-SIX CHANDELLES

Le soir, je retrouve mon ex-mari au club, et nous faisons *comme si*. Comme d'habitude. Je supporte ses tentatives de séduction ; je lui laisse croire qu'un retournement de situation est possible. À mon tour de le manipuler. J'épargne donc le personnel et la clientèle de saynètes désagréables : il refuse encore et toujours la séparation de nos destinées, alternant les supplications et les menaces. Je reste de marbre. Je souhaite préserver Les Chandelles de l'autodestruction, mais je refuse désormais que cela se fasse au prix de ma santé, de mon équilibre.

Comme tout gourou, il a ses fidèles : eux non plus ne souhaitent rien changer. Pour tenir ce petit monde, il emploie deux méthodes efficaces : le sexe et l'argent. Toutes les manœuvres sont permises pour me déstabiliser et m'empêcher de l'écarter des affaires. J'ai la sensation d'être épiée, surveillée, attendue. Rentrer seule chez moi, de la rue Thérèse jusqu'à la rue Saint-Honoré, est au-dessus de mes forces. Je prends systématiquement un taxi. J'enchaîne les malaises. Mon corps me lâche. Mon ex, lui, ne lâche rien : avec sa fourberie coutumière, il est persuadé qu'il pourrait changer la donne :

« Valérie est versatile, elle jouit de tout sauf de ses facultés ! Elle est folle. Rien n'est encore perdu... »

Il n'a pas tort. Pourquoi ne plierais-je pas cette fois encore ?

Je profite de l'une de ses escapades avec sa favorite dans le Midi pour reprendre mes effets dans notre appartement. La peur au ventre, j'y abandonne photos et robe de mariée. Je ne veux rien qui puisse me rappeler notre relation.

Je souhaite qu'il quitte Les Chandelles. Mais il est hors de question de lui verser une quelconque indemnité. La colère me tient maintenant debout. J'escompte une faute de sa part. Elle ne tardera pas : en avril 2005, il signe un chèque d'un montant important en imitant ma signature. Son licenciement devient aussitôt possible. Mes sentiments oscillent néanmoins entre l'enthousiasme et la peur.

Fin août 2005, tandis qu'un huissier de justice lui remet le pli signifiant sa mise à pied, un artisan change les serrures de l'établissement. Je le devine fou de rage et me terre, pétrifiée, aux Chandelles. Le téléphone ne tarde pas à sonner. Les premières menaces de mort fusent, proférées par une femme de sa garde rapprochée. J'opère aussitôt des licenciements pour écarter celles et ceux encore sous son emprise.

Les menaces répétées m'oppressent. Je me rends au commissariat de police, place du marché Saint-Honoré. Mais à l'époque, la police fait encore peu de cas de la violence conjugale et des maltraitances faites aux femmes. Après une violente crise d'angoisse, les agents me sortent manu militari de leurs locaux : je me retrouve au sol dans la rue, dans l'indifférence générale.

Pour la brigade de répression du proxénétisme, c'est une banale crise de couple. En revanche, elle m'exprime sa désapprobation lorsque je l'informe de la présence de gardes du corps à mes côtés.

Passé le délai légal, je reçois mon ex-associé, ex-mari et futur ex-collaborateur pour un entretien préalable au licenciement. Il se tient face à moi, penaud. Mais son regard d'acier me glace.

J'ai mal pour deux : la victime plaint encore et toujours son bourreau. Je suis perdue. Mais je tiens bon en suivant scrupuleusement les conseils de mon avocat.

Les rôles s'inversent et je me déteste dans ce costume. Victime et bourreau à la fois : une construction machiavélique constituée de deux êtres en souffrance. Je dois donc absolument apprendre à dire non, et il doit nécessairement apprendre à respecter ce choix.

BOUDOIR ET BOUGEOIRS

Dans mon boudoir, j'oublie les tourments. Ce soir-là, j'organise un dîner. Un ravissement gourmand. Une parenthèse libératrice. Du plan de table aux surprises des lieux, des plaisirs de la conversation aux jeux de séduction, de la finesse des mets au raffinement des ambiances, tous les sens sont honorés. Nous sommes huit, maris et femmes, amants et maîtresses. Un jeune homme m'accompagne, rencontré une semaine auparavant au Queen, sur les Champs-Élysées. Bel éphèbe à la peau mate, il est drôle, curieux d'expériences inédites et diablement tentateur. Son corps est parfaitement dessiné. Il est sexy et le sait. Ignorant mes codes, je lui suggère de s'apprêter. L'érotisme se nourrit de mise en scène. Émerveillé, il souhaite ensuite visiter le club avant de rejoindre le restaurant à l'étage, où attendent mes invités. La nuit sera longue et joyeuse, les plaisirs alanguis et variés. Je retrouverai mon amant, nu et menotté, deux jolies nymphes à ses pieds.

CANDLES IN THE WIND

Le Tout-Paris, qui pense et dépense, s'étonne parfois du succès des Chandelles mais lui reconnaît son savoir-faire et son savoir-fête. Des esprits chagrins, sans doute refoulés à la porte du club et se vengeant alors comme ils le peuvent, aiment à distiller des rumeurs infondées ; d'autres, plus hypocrites, alimentent leurs critiques de piques moralisatrices comiques, surtout lorsqu'on connaît leurs propres excès privés. Qu'importe.

Habituée à l'adversité des jaloux et à l'hostilité des médiocres, cela m'encourage à poursuivre cette aventure qui nécessite une énergie folle, des investissements conséquents, des prises de risque énormes. Le milieu de la nuit est impitoyable. Et risqué.

La notoriété des Chandelles s'est tout d'abord bâtie sur un bouche-à-oreille d'initiés :

le plaisir de se considérer choisi et privilégié, le sentiment d'appartenance à un club très fermé, un élitisme revendiqué... tout ceci sera le socle d'une clientèle fidèle, le ciment d'une réputation précieusement chuchotée.

Puis, par la grâce d'allusions publiques – merci, Thierry Ardisson ! –, le club sera pris dans la lumière des projecteurs télévisuels, lui qui se satisfaisait jusqu'alors de la seule pénombre voluptueuse de ses alcôves : Les Chandelles deviennent synonymes de libertinage chic, de lieu exclusif des plaisirs recherchés. Évidemment, résumer mon écrin à ses seuls jeux libertins est réducteur ; néanmoins, je ne fais pas la fine bouche. Les lieux sont devenus *the place to be*. On s'y presse, par curiosité ou par gourmandise. On vient même de loin : Américains, Britanniques, Allemands, Espagnols, Italiens, Hollandais, Belges, Suisses, Brésiliens, Argentins, Canadiens, Australiens ou Slaves font du club un point de passage obligé lors de leurs périples parisiens. Et l'entrée, pourtant toujours aussi stricte, se transformera bientôt en porte de chambre forte. Il me faudra être plus impitoyable encore pour ne pas être emportée par la vague déferlante d'un succès imprévu, en regard des capacités d'accueil limitées de l'écrin et de ses boudoirs tentateurs. Car je tiens plus que tout à maintenir intangible la philosophie des lieux tout en les ouvrant à des hôtes nouveaux, susceptibles de se fondre sans heurt parmi les fidèles.

Les Chandelles sont toujours dans le vent. Dans la pénombre des alcôves, leur flamme illumine encore et toujours des visages extatiques.

LES LOUPS SORTENT DU BOIS, LA LOUVE SORT DE SES GONDS

Je suis désormais seule aux commandes. Les loups en profitent pour sortir du bois. Je deviens donc une guerrière inaccessible et méfiante. Folle de terreur, folle de douleur, folle de solitude. Folle tout simplement ?

Des crapules, parmi lesquelles des proches de mon ex-mari, me montrent les crocs. Certaines tentent de me racketter. Un proxénète me retrouve à L'Avenue, un restaurant de l'avenue Montaigne, pour préciser ses conditions. Exaspérée par ses intimidations, je hurle et menace de le faire descendre. Il est abasourdi : en temps normal, on le craint et on le fuit. Là, je lui résiste et l'affronte.

Ma réaction déterminée les surprend tous. Ces voyous, certains de ma fragilité, pensaient que je me plierais à leurs exigences insensées. Leur palmarès judiciaire aurait dû m'effrayer. Bien au contraire : l'injustice et le machisme m'insupportent. Ma rage est salvatrice. La peur change de camp.

La jalousie et la mesquinerie de mes adversaires prennent parfois des tours grotesques. Par deux fois, Les Chandelles font ainsi l'objet d'une alerte à la bombe mobilisant police, sapeurs-pompiers et services de déminage : la rue Thérèse est aussitôt envahie d'une longue cohorte de véhicules d'intervention. Leurs lumières bleues se reflètent sur les façades des bâtiments voisins, tandis que s'engouffrent dans le club une multitude d'agents qui fouillent les lieux de fond en comble et sondent tous les recoins à l'aide d'instruments sophistiqués. En pure perte : RAS. Pas la moindre bombinette, pas le plus petit explosif. Mais, malgré tout, un agacement légitime du voisinage, destiné à nuire à la réputation de mon boudoir pourtant si discret.

Dans la bêtise, les limites sont sans cesse repoussées : un matin, à cinq heures trente, l'un de mes salariés – qui achevait la remise en ordre des lieux après le départ des ultimes clients – m'appelle chez moi, affolé :

« Venez vite, Valérie, c'est épouvantable ! »

Lorsque j'arrive rue Thérèse, des policiers à la mine sévère font le pied de grue. Un commissaire s'approche :

« Madame, nous vous saurions gré de nous ouvrir les portes du club et d'assister à la perquisition. »

J'imagine le pire : une énième alerte à la bombe ? Une dénonciation infondée pour je ne sais quelle entorse à la loi ? Un crime, peut-être ? C'est alors que des agents de la police scientifique, revêtus de leurs combinaisons blanches, s'engouffrent dans Les Chandelles. Je les suis.

« Où sont vos réserves et vos frigos ? »

Devant mon incompréhension, un officier me tance :

« Il serait préférable que vous collaboriez… les faits sont graves.

— Mais enfin, peut-on me dire de quoi je suis accusée ?! »

L'officier me fixe :

« L'un de vos clients n'est pas rentré chez lui : ses relations et ses proches pensent que sa disparition s'est produite ici même.

— Admettons ! Je n'ai pas l'œil sur tous les faits et gestes de mes hôtes... Je sais quand ils rentrent mais je ne suis pas forcément présente lorsqu'ils repartent. Et pourquoi la venue de la police scientifique ?

— On pense qu'il aurait pu être assassiné ici puis découpé et dissimulé dans vos réserves, le temps que vous vous débarrassiez discrètement du cadavre.

— Vous plaisantez ?!!

— Pas une seconde. »

Deux heures plus tard, le club retrouve sa quiétude, ses frigos sont refermés, ses réserves remises en ordre, mon salarié apaisé. La tension me quitte et j'éclate de rire devant les policiers penauds :

« Sérieusement, vous jugiez plausible l'assassinat d'une personne dans un tel lieu ?

— Nous avons connu pire...

— Sachez qu'ici on fait l'amour, pas la guerre ! »

Aussitôt après le licenciement de mon ex, je vérifie les dossiers administratifs, à commencer par celui de la sécurité du public. Consciente de sa désinvolture, je me protège de toute injonction administrative ou d'un possible incident : ce manipulateur pourrait attaquer Les Chandelles sur les points faibles dont il était l'instigateur.

Un client se propose d'organiser les rendez-vous avec les architectes. Très vite, j'ai des soupçons sur ses intentions réelles. Alors qu'il vient régulièrement au club, je demande à un ami d'opérer des vérifications sur son identité. Bingo ! Il n'est pas celui qu'il prétendait être. Lors d'un rendez-vous au drugstore des Champs-Élysées, je le mets face à ses mensonges, en prenant soin d'enregistrer la conversation. Il reconnaît ses liens avec mon ex et avoue la manœuvre sordide destinée à me faire perdre le contrôle des Chandelles en m'abreuvant de conseils fallacieux.

Désormais, je ne lâcherai plus rien.

NOBODYGUARD

Je ressens un certain malaise avec mes gardes du corps, en particulier avec leur patron. Sa présence m'oppresse. Je devine le mac en lui. Mes soupçons sont confirmés par l'un de ses employés, pour lequel j'ai un faible coupable. Je propose un rendez-vous à son directeur, au Nomad, place du Marché-Saint-Honoré. Je lui fais part de ma décision de rompre le contrat en invoquant des raisons financières. Il me sert la grande scène du deux :

« Comment vas-tu faire ? Entre les menaces de ton ex et celles des voyous marseillais, ce sera un bain de sang, rue Thérèse. »

Cet avertissement masque peut-être un chantage, sans doute des ennuis à venir. Mais je simule la lassitude. Et, miracle, il n'insiste pas.

Je propose alors à son employé de l'embaucher directement. Il accepte mais rapidement, la situation se dégrade : à l'évidence, c'est un petit malfrat. Hélas, il est aussi mon amant : j'ai encore choisi un protecteur peu recommandable, dont j'ai bientôt peur. Un grand classique.

Un soir, une salariée m'appelle : le type a déposé son arme, un Magnum 357, sur le bureau du club ! L'acte d'un irresponsable dans un établissement public. Je le joins aussitôt afin qu'il me retrouve chez moi. L'essentiel est de l'éloigner au plus vite des Chandelles. Nos relations sont tendues depuis quelque temps déjà. Je souhaite ne pas renouveler son contrat de travail. Et il le sait. Je suis transie de peur. Mais il me faut absolument désamorcer cette bombe sur pattes, ce psychopathe assumé. Louvoyer n'est plus possible : il faut affronter le fauve. Et pour cela, je n'ai qu'une seule arme à ma disposition : moi. Ou plus exactement : mon corps. Mon esprit, lui, est déjà ailleurs. Heureusement.

Le lendemain matin, je me rends au commissariat. Après avoir consulté un fichier, l'officier de police conseille de me séparer en douceur du voyou et de déposer une main courante. Conseil suivi.

Je me rends aux impôts pour obtenir un accord fiscal définitif. Là, une fonctionnaire d'une grande droiture m'invite à changer aussitôt d'avocat :

« Il a davantage servi les intérêts de votre ex-époux que les vôtres. »

Je suis ses conseils et obtiens rapidement un accord honnête avec l'administration.

Je doute néanmoins de mes capacités à faire face à l'ensemble des engagements financiers. Je consulte les banques. Drôle d'idée d'imaginer un banquier jouer une autre partition que celle de la frilosité ! D'autant que l'alibi de la moralité facilite tout refus de facilités bancaires…

Une connaissance me propose d'entrer dans le capital du club. Quelques mois plus tard, je découvre ses intentions malhonnêtes : il projette de m'écarter de l'entreprise. Son fantasme est de posséder sa boîte à jouets, sa réserve à fantasmes. Il est de mèche avec un membre de mon personnel, amant de sa femme.

Je sais ce que je ne veux plus. En revanche, je ne suis pas au clair avec ce que je veux. Mais je suis indiscutablement en chemin vers une libération. Je ne ferai plus machine arrière. J'avance vers un ailleurs qui me correspond davantage. Sans en discerner tous les contours mais avec la certitude que cette direction est, sinon la bonne, du moins la moins mauvaise.

Les embûches sont un quotidien que j'assume avec plus de force et moins de peur. Ce parcours de la combattue nourrit mon énergie. Je fais de chaque obstacle un défi à relever, *pour me relever moi-même*. Évidemment, les phases de découragement sont régulières d'autant que la solitude me pèse : tout affronter d'un bloc est peut-être salvateur mais terriblement déstabilisant.

Ainsi suis-je convoquée par la brigade financière. Des fournisseurs n'ont pas été payés pour des travaux commandés par mon ex dans son projet sudiste. Quatre heures durant et sans empathie aucune, la fonctionnaire de justice soupçonne un divorce destiné à m'exonérer des dettes de mon ex-époux. Ses suppositions sont folles. Oui, le divorce est vrai. Ce n'est pas une mise en scène. C'est la concrétisation d'un désir profond et la victoire d'une longue bataille.

Je n'ai pas les bons outils pour affronter ces maelstroms successifs. Mais malgré tout j'avance, encore et toujours. J'ai l'espérance de jours meilleurs.

DE MÂLES EN PIS

Quatorze années de vie commune, puis plus rien. Enfin ! Hier : époux vantard ; aujourd'hui : épouvantail. Dans les deux cas : épouvantable.

Hélas, je poursuis les relations toxiques. J'étais pourtant certaine d'avoir quitté mon seul et unique bourreau.

Durant mon divorce, je vis une relation naissante avec un homme, lui aussi en procédure de séparation. Rapidement, nous esquissons des projets communs.

Je m'interroge toutefois sur sa sincérité. Je le trouve très absent, toujours en voyage. Chez moi, il pose ses valises et, sur un pan de la bibliothèque, la photo de sa fille. Dans cette relation, je n'ai que des miettes mais je m'en satisfais. Cela me rappelle quelqu'un.

Je retombe dans le piège : vouloir être aimée à tout prix, même et surtout au mépris de moi-même.

Je suis enceinte. Et je panique. Je décide d'avorter. L'homme ne manifeste aucune émotion et m'accompagne tranquillement à la clinique. Le doute me submerge.

J'engage un détective. Ses conclusions sont sans appel : aucun divorce en vue. Pire : l'homme vient d'être père pour la seconde fois. Rage et désespoir m'envahissent.

Alors qu'il m'assurait être à Lyon la veille, je décide de l'attendre le lendemain matin devant son domicile parisien. Je le vois sortir de l'immeuble, avec poussette et fillette en main. Je lui fais face :

« Pourquoi m'as-tu caché la naissance de ton fils ? »

Sans attendre sa réponse et pour ne pas heurter davantage sa fille, je repars précipitamment chez moi. Il ne tarde pas à m'y retrouver, déconfit.

Là encore, j'ai droit à la tirade de tout lâche qui se respecte mais ne respecte personne :

« Je t'aime. Mon épouse est au courant de notre histoire. Tu peux l'appeler… »

Je le fais. Elle est surprise de mon appel. Il a épousé une femme qui, comme moi, n'ose pas voir la réalité, qui n'ose pas concevoir la médiocrité de son homme, sa lâcheté, ses manipulations. Au gré de notre conversation, je découvre même qu'il nous a offert la même bague Trinité de Cartier, à Noël, un mois plus tôt. Quelle trinité ? L'homme, sa femme et sa maîtresse, sans doute.

J'en conviens : ce n'est pas très élégant d'avoir sollicité un détective privé, encore moins d'avoir appelé sa femme. Cependant, à ce moment de mon existence, c'était le seul moyen de me protéger de mes errances. Il me fallait absolument des preuves pour valider mes ressentis. Je ne me faisais pas confiance.

Je maudis mes errements. Ma vie sentimentale est une succession d'échecs désastreux. Je réussis parfaitement à faire les pires choix amoureux. Toutefois, je progresse : je mets plus rapidement un terme aux relations qui ne me conviennent pas. Dans l'erreur, il y a des paliers. Pathétique satisfaction.

« Qu'est-ce qui déconne chez moi ? »

Enfin, une question pleine de bon sens !

Ce soir, j'irai m'étourdir aux Chandelles. Ce soir, l'ambiance seule suffira à m'enivrer.

Une autre fois, peut-être, je goûterai aux caresses d'un inconnu. Mais déjà, septembre se profile. Et c'est un rendez-vous tout particulier qui s'annonce.

SOYEUX ANNIVERSAIRE !

Début septembre, je fête mon anniversaire en organisant une soirée dont je choisis scrupuleusement les invités. Connus ou non, ils sont tous *mes* VIP ! Leur notoriété éventuelle m'importe peu puisque ce sont *tous* mes chouchous. C'est ma façon d'honorer leur loyauté, leur fidélité, leur courtoisie. C'est aussi l'occasion de mettre les petits plats dans les grands : je veux de l'extravagant et du mémorable. Je veux que vibre l'esprit des Chandelles.

Cette somptueuse soirée ne leur est pas seulement dédiée : elle leur est offerte. Elle mobilise donc toute mon énergie : cartons d'invitation nominatifs – précisément contrôlés à l'entrée –, débauche de victuailles et de boissons, décor spécifiquement recréé pour l'occasion, voiturier…

Pour autant, aucun vigile, qu'on pourrait pourtant juger indispensable à la sécurisation de ce moment délicieux : Les Chandelles s'exonèrent des risques de dérapage et des débordements malfaisants sans qu'il soit besoin de gros bras.

Vers vingt-deux heures, dans l'étroite rue Thérèse, une foule compacte et complice se forme qui, bientôt, rend l'artère inaccessible aux véhicules ou aux badauds. La rançon de la gloire ?

Dans cette farandole de l'élégance et de l'esprit, des intellectuels et des artistes, des sportifs, des journalistes, des personnalités politiques de tous bords, des capitaines d'industrie et des artisans, des magistrats et des avocats, des gens simples et des magnats de la finance, des parisiens et des provinciaux, des citadins et des ruraux : un kaléidoscope de plaisirs sophistiqués.

Leur offrande ? Le raffinement de leurs tenues comme de leurs parures, la sophistication devinée ou entraperçue de leur lingerie, la sensualité de leur allure et la délicatesse de leurs parfums. Le rêve incarné. Et la plus belle façon de me remercier.

Je les accueille toutes et tous, les présente les uns aux autres, les convie à s'amuser comme bon leur semble. Le personnel, aux petits soins, circule difficilement parmi les convives peuplant chaque espace du boudoir. Un monde fou pour une soirée folle. Rien que de très normal.

L'ouverture d'esprit, la tolérance et l'élégance courtoise autorisent ces moments charmants. Quelques étrangers – dont certains très connus et venus de loin – tentent de capter les conversations dans la langue de Molière : les gestes, alors, suppléent l'absence de vocabulaire.

On rit beaucoup, on s'observe, on chuchote parfois, on s'émerveille de toutes ces jolies femmes et de tous ces mâles élégants : plaisir des yeux et triomphe du savoir-être.

Politesse et discrétion également : ce n'est pas précisément le lieu ni le moment des demandes d'autographes ou d'interviews, des joutes verbales ou des selfies de circonstance. La concorde a sa place : ce sont Les Chandelles. Et la ville-lumières s'enorgueillit de notre pénombre savante.

Près de la piste de danse congestionnée, Philippe, le DJ, distille un groove lancinant.

Dans les alcôves, peu d'ébats furtifs mais des frôlements tentateurs, des regards appuyés, des chuchotements troublés : c'est sans doute la soirée la moins *libertine* de l'année mais elle ne manque ni d'érotisme ni d'émoi. On substitue les suggestions à l'action, les invitations ultérieures aux étreintes immédiates. Je devine que certaines et certains poursuivront plus tard et ailleurs les jeux de séduction débutés ici.

Mais comme ici le sexe n'est que la cerise sur le gâteau, que celui-ci soit savoureux est l'essentiel ! Et justement, à minuit, un gâteau d'anniversaire m'est livré sur la piste de danse : un instant, je suis la reine des lieux, sous les applaudissements des hôtes. Un court discours puis quelques danses. Et, encore et toujours, beaucoup de champagne et de joie.

Quand, peu à peu, les invités quittent Les Chandelles, je demeure à la porte pour les remercier de leur venue.

« Soyeux anniversaire ! »

Ce cri du cœur, lancé par une amie chère et son époux, accompagne la remise d'un grand paquet enturbanné estampillé *Fifi Chachnil*. Une promesse de soie sauvage qui enchantera ma peau.

OUATE ELSE ?

Je me rêve enfouie dans une ouate épaisse et douce, avec comme seuls compagnons mes livres. Je m'exclus du monde pour m'en protéger. Je m'enferme dans le silence. Absente de moi-même et des autres.

Je découvre le livre d'Alberto Eiguer : *Le Pervers narcissique et son complice*. Un choc. Peu après, je visionne *L'Adversaire*. Un tsunami. L'histoire d'une femme perdue dans le brouillard inextricable de sa vie. Je perçois également la souffrance de l'homme enfermé dans ses mensonges, engagé dans une fuite en avant, sans avenir aucun. Une destruction à deux.

Mes angoisses, mes somatisations, mes échecs relationnels, ma mélancolie ont raison de mon équilibre. Je décide de reprendre une psychothérapie. Une chance possible de vivre mieux. Ou de survivre.

Les psys, je les connais bien : j'en ai épuisé plus d'un avec mes lourds silences et mes non-dits. L'important n'était pas ce que je disais, c'était tout ce que je ne disais pas et que ma gestuelle trahissait. Tétanisée par mes peurs et tenaillée par ma culpabilité, peu de mots sortaient de ma bouche, seuil de mes interdits.

J'entreprends alors un long voyage immobile : je décide de partir à la rencontre de mon inconscient. Ces retrouvailles avec moi-même deviennent ma plus pressante et plus heureuse destination. Accueillir avec bienveillance mes parts d'ombre et revisiter le chemin parcouru. Chasser les intrus et les fantômes, leur interdire désormais tout accès : comme aux Chandelles je filtre l'entrée de mon écrin. Choisir enfin celles et ceux qui me méritent vraiment.

Depuis très longtemps, je savais que quelque chose ne tournait pas rond. Je l'ai compris le jour où j'ai fait part de mon désir de suicide à la directrice de mon lycée, alors que j'étais en terminale. J'ai lu dans ses yeux la stupéfaction. Elle a su mettre des mots pour m'apaiser et m'inciter à demander de l'aide auprès de professionnels. Je pensais jusqu'alors que tout le monde était triste dedans et faisait comme si. Le médecin de famille conclut la consultation :

« Maintenant qu'elle a pleuré, elle va bien dormir et elle ira mieux demain. »

Et tous les demains furent sombres, pendant très longtemps.

Heureusement, ce soir j'irai aux Chandelles, le lieu où je recontactais la femme en moi, drôle, pétillante et pleine d'énergie. Je laissais derrière moi chagrin et sentiment de solitude. J'entrais en scène pour une nuit pleine d'étincelles.

SCÈNE DE CRIME

Juin 2011. Le psychothérapeute me dévisage en m'accueillant dans son cabinet. Je reste figée, interdite. Puis vient le trou noir.

Plus tard, il me décrira la scène :

« Je t'ai regardée en détaillant ce que tu montrais à voir. »

Les images me reviennent : dans un état de régression, je m'écroule sur le divan, bouche mes oreilles, me recroqueville et ferme mes yeux. Mon thérapeute me demande :

« Que ne veux-tu pas dire ? Que ne veux-tu pas voir ? Que ne veux-tu pas entendre ? »

C'est horrible. Indicible. Tout devient blanc : la couleur de la psychose.

Puis, les lettres s'assemblent, les mots surgissent, les phrases se forment. Je les jette, hachées par les sanglots, qui m'étouffent.

Bretagne. Été 1973. Je suis une toute petite fille. Une innocente de six ans. Hélas, je ne le serai plus très longtemps. Cet après-midi-là, en vacances chez mes grands-parents maternels, je fais la sieste.

Mon grand-père s'approche du lit, son sexe à la main. Il écarte mes jambes. Je me fige. J'ai le souffle coupé. Je sens le sien. Je suis effrayée, mon sang se glace.

Je sors de mon corps. Je m'échappe en regardant le ciel par la fenêtre qui me fait face. J'assiste à mon propre viol : il enfonce son sexe en moi. Il me possède et me prend tout : mon présent et mon avenir. Il laissera une trace indélébile dans mon corps, dans mon âme et dans mon cœur. Ma respiration se coupe. Le temps se fige. Je suis détruite. Il m'a tuée. Mon corps est en friche. Ma tête est en miettes. Mon cœur est broyé. Tout mon être se désagrège. Mon psychisme a explosé.

Mais il me menace : je dois me taire.

L'*incestuée* survivra des années en enfer. Le criminel se taira à jamais, sans exprimer le moindre remord.

J'ai très mal dans le bas du ventre. Ma mère doit venir nous chercher, ma sœur et moi. Elle arrive en retard. Trop tard. Je lui en voudrai longtemps.

Je monte dans la voiture et lui raconte tout, avec les mots d'une enfant. Elle refuse d'entendre. C'est de son père dont il s'agit. Elle ne peut l'admettre.

Mon père, lui, est furieux : par ma faute, ma mère est malheureuse. Comment puis-je oser dire de telles choses ?

« Tais-toi, Valérie ! Tu fais pleurer ta mère ! »

Mes parents me donnent le coup de grâce. Tous mes repères s'effondrent. Désormais, il n'est plus question d'être, mais de survivre. Je n'ai pas six ans, et je suis déjà morte vivante.

Réalisent-ils alors qu'ils sacrifient leur enfant pour se protéger de leur propre chaos, de leur propre névrose ? Pour ma mère, impossible de considérer son père avec un regard adulte et cesser de l'idéaliser. Pour mon père, inimaginable d'affronter une telle monstruosité familiale. C'est au-delà de leurs forces. Au-delà de leur enfant, aussi.

Mes parents, ceux que j'aime le plus, me trahissent pour sauver leur peau. Je répéterai alors ce scénario sans relâche. Cela, hélas, je l'ai très bien réussi.

En 1985, l'année de mes dix-huit ans, mon grand-père s'est pendu. Je n'ai pas ressenti de peine. Son suicide ne sera plus jamais évoqué en famille.

2011. J'ai quarante-quatre ans. Le ciel me tombe sur la tête. Je me suis construite sur ce déni et soudain mon inconscient se déleste du poison criminel.

Avant, je dérivais sans comprendre pourquoi. Maintenant, je revis la violence du traumatisme. Le choc des souvenirs est brutal. C'est insupportable, innommable. Je n'oublierai plus ce jour où je fus tuée.

Je suis en couple et en chemin vers la énième rupture. J'appuie aussitôt sur *pause*. Je suis libre mais indisponible pour une quelconque relation. J'ai mieux à faire : un véritable rendez-vous avec moi-même. Il me semble que je le mérite enfin.

Puisque je n'ai pas d'enfant, j'accoucherai de mon être, au terme d'un demi-siècle d'errance.

Ce soir, j'irai aux Chandelles, mon refuge où j'invite à expérimenter une sexualité joyeuse. Moi qui suis abîmée dans ma chair, je proposerai à mes invités de vivre un érotisme ludique entre adultes consentants. J'avais pressenti que la sexualité est une magnifique ouverture pour aller à la rencontre de son être intérieur. Notre sexualité nous raconte. Nos fantasmes nous dévoilent. Les Chandelles s'ouvrent sur notre monde onirique intérieur.

PAROLES, PAROLES… ET MUSIQUE !

Depuis toujours, la musique et la danse subliment ou apaisent mon existence. Les Chandelles leur offrent donc une place privilégiée. La musique est comme un sens en plus, offert au corps autant qu'à l'âme, à la fois vecteur de sensations et expression venue du plus profond de nous. La piste de danse est un exutoire ou une pause, selon l'état d'esprit du moment. J'aime m'y abandonner seule ou y rejoindre celles et ceux qui s'y pressent.

La chance me sourit lorsque je recrute un DJ qui, au fil du temps et de mes péripéties, deviendra un soutien dans les épreuves autant qu'une pièce maîtresse des lieux. Philippe est une carrure et un talent. Il demeurera le maître de musique des Chandelles pendant quinze ans.

Ses débuts, pourtant, sont périlleux : lorsqu'il se présente un vendredi soir à vingt-trois heures, mon accueil est assez distant, presque froid. Je veux de l'enthousiasme, de la créativité, de la sensualité. Je veux que sa musique traduise précisément l'ambiance des lieux et l'état d'esprit de mes hôtes. Je veux que sa musique envoûte de son tempo les différents moments qui se succèdent durant la soirée.

Ainsi briefé, il s'installe derrière le bar, près de la piste de danse. Mon mari, qui prétend avoir des connaissances musicales particulièrement fines, le presse aussitôt de suivre sa playlist personnelle plutôt que de lui laisser une quelconque initiative :

« Il faut débuter par des slows et passer ensuite des tubes français. Puis revenir aux slows. Et ainsi de suite. Rien d'autre. »

Philippe, penaud, s'exécute. Sans que la piste de danse ne connaisse une quelconque affluence. À la fin de la soirée, je suis furieuse.

« Je n'ai pas besoin d'un pousse-disque de Nostalgie FM ! Alors bougez-vous la prochaine fois ! »

Effectivement, il se bougera. Et il se bougera bien. Dès le week-end suivant, Philippe impose avec tact une tout autre ambiance. Contre vents et marées. Progressivement, house et techno se font une place de choix tandis qu'il donne la priorité à ce qu'il nommera bientôt la *women's music* : une ambiance sonore groovy, enveloppante et sexy.

C'est un intuitif et il saisit ma philosophie. Même les habitués les plus exigeants, les danseurs impénitents, les sourcilleux du tempo lui reconnaissent un don pour conduire inexorablement vers la piste la majorité de mes hôtes. La piste se remplit par vagues successives et j'aime m'y abandonner aussi.

Cette connivence se traduit par de multiples clins d'œil. Car ce garçon a également beaucoup d'humour. Très vite, il fait partie des meubles, les habitués des lieux apprécient sa bienveillance autant que ses choix musicaux :

« Philippe est un pilier de ces voûtes. »

Joli compliment. Mérité. C'est lui qui, lorsque j'ouvrirai le restaurant des Chandelles, sera chargé de la programmation musicale accompagnant discrètement ces agapes.

Nous avons, lui et moi, un slogan fétiche qu'il aime lancer au micro lorsque je suis dans les parages de la piste ou du bar et que je reprends alors volontiers :

« Quelle belle soirée !!!! »

Bien évidemment, il sait qu'à certains moments, quels que soient sa perspicacité musicale et ses dons d'animateur, il ne peut lutter contre l'attrait irrépressible des alcôves : c'est généralement vers une heure trente du matin que la piste se vide, quoi qu'il fasse. Une heure durant, il vit alors un grand moment de solitude, comme il aime à me l'avouer. Néanmoins, fidèle au poste, il poursuit son œuvre et distille des pépites dans la sono pour les rares hôtes encore au bar ou demeurés assis sur les banquettes. Jusqu'au retour progressif des femmes et des hommes repus des plaisirs de la chair. Alors, doucement mais sûrement, Philippe relance son groove si délicieusement sexy, enveloppant et féminin. Et, de nouveau, la piste se peuple de déhanchements progressivement moins engourdis.

De même ne renonce-t-il pas tout à fait au slow et à ses vertus cathartiques. Et le fameux quart d'heure américain qui, parfois se prolonge lorsque les danseurs l'exigent, plonge la piste dans une langueur bienvenue. De sa cabine jouxtant la piste, à proximité d'une barre de pole-dance qui ne saurait détourner son attention malgré les figures lascives et tentatrices qu'elle accueille, Philippe m'accorde alors une faveur régulière :

surgit des enceintes la voix de Dalida, bientôt rejointe par les suppliques d'Alain Delon.

[Dalida]
Caramels, bonbons et chocolats
[Alain Delon]
Par moments, je ne te comprends pas
[Dalida]
Merci, pas pour moi
Mais tu peux bien les offrir à une autre
Qui aime le vent et le parfum des roses
Moi, les mots tendres enrobés de douceur
Se posent sur ma bouche
Mais jamais sur mon cœur
[Alain Delon]
Une parole encore
[Dalida]
Paroles, paroles, paroles

Car il sait mes déboires domestiques et, dans ce maelstrom qui me déstabilise sans cesse, Philippe a choisi son camp, le mien :

« Non tu n'es pas folle, c'est lui qui te manipule ! »

Il n'est pas dupe des manœuvres de mon mari et de ses sbires. Ce qui, au sein du club, n'est pas aisé à assumer. Et son humour est aussi précieux que son talent. Jusqu'au bout, il sera mon allié le plus fidèle, discret et attentif à la fois. Car il ne faut rien laisser paraître dans mon boudoir. Mes hôtes n'ont pas à subir mes désarrois, ils n'ont pas à partager mes peines. À eux, je ne souhaite que le plaisir, le bonheur et l'insouciance.

Un soir, il est approché par un hôte dont la silhouette lui rappelle quelqu'un. Mais qui ? L'homme lui lance un compliment :

« Excellents choix ! Si tu passes par Ibiza, je te prêterai mes platines. Là-bas tu mixes devant cinq mille personnes, c'est moins cosy mais *Just a Little More Love* et ça ira ! »

Le DJ, plus international que strictement français, le salue.

Une autre fois, alors que le club s'est vidé et que dehors pointe le tout petit jour, je le retrouve au bar. Près de lui, un élégant petit homme aux longs cheveux dorés et à la moustache gauloise ; son regard se dissimule derrière des lunettes aux verres bleutés. Il sirote un jus de tomate tout en discutant avec Philippe. Observateur discret et détaché, le chanteur iconique apprécie de finir ici certaines nuits aussi longues que nos jours. Mon DJ le raccompagne ensuite en taxi. Le lendemain, c'est un Philippe extatique que je retrouve :

« On a bu un verre chez lui, puis il s'est mis au piano et m'a offert un concert solo ! Tu imagines ? »

D'autres moments de grâce ponctuent régulièrement la musicalité de mon boudoir. Tel ce vendredi 22 avril 2016. Il est précisément minuit. Philippe pose sur ses platines un vinyle qui, aussitôt, provoque un afflux massif sur la piste de danse et ses alentours. Les premières notes de *Purple Rain* retentissent. Huit minutes durant, les danseurs se retrouveront pour rendre un hommage langoureux au *Prince* de Minneapolis, disparu la veille. À l'issue de ce slow déchirant, une salve d'applaudissements retentira jusque dans les alcôves. J'ai dansé, étreinte par une amie chère, sous le regard humide de mon DJ. Un shoot d'émotion. Comme seules Les Chandelles savent en distiller.

TRACAS ET FRACAS

Novembre 2011. Huit heures du matin. Le carillon de mon appartement résonne. Des policiers investissent mon nid. Une chance : je suis déjà levée et habillée. Abasourdie, je fais face à six d'entre eux qui me notifient sans ménagement une garde à vue pour « proxénétisme en bande organisée ». Je rêve : moi qui ai toujours protégé les femmes ! Ils sont dingues ! Je m'effondre, je suffoque. J'aimerais que tout s'arrête. Je me dis que c'est un film, que je vais me réveiller. Hélas, non ! Mon regard se pose sur l'une des fenêtres ouvertes du salon. L'un d'eux devine mon intention et la ferme aussitôt.

On m'explique que la police n'a rien contre moi : c'est la gérante des Chandelles qui les intéresse. L'autre moi. Cela n'a aucun sens.

Ils fouillent partout et s'emparent de clés USB dédiées à mes cours de psycho. Ce faisant, ils me dépossèdent de l'essentiel.

« Prenez vos médicaments : vous n'êtes pas près de rentrer chez vous. Nous ne vous mettons pas de menottes parce que c'est vous !! »

La belle affaire ! Je sors de chez moi cernée par eux, et je monte à l'arrière du véhicule de police. Ils font une halte aux Chandelles et mettent à sac mon bureau. Je ne comprends rien. Je ne peux que subir.

Arrivée Quai des Orfèvres, les interrogatoires musclés s'enchaînent, en compagnie de mon avocat. Le stress est intense. Je ne sens plus rien dans mon corps. Je laisse un blanc après chacune de leurs questions : je prends le temps nécessaire pour répondre afin de ne pas tomber dans leurs pièges. Eux pensent savoir mieux que moi : ils sont persuadés que les femmes que je reçois sont majoritairement des prostituées, et les hommes leurs clients. Que puis-je répondre à cela ?

Je sais d'expérience que les couples que je reçois sont des couples, légitimes ou non, qui s'amusent : des couples dont les deux partenaires consentent librement à vivre des expériences libertines. Et cela n'est pas négociable.

Évidemment, je peux être trompée et me tromper. Si cela arrive, je suis fâchée avant tout contre moi-même : cela m'est préjudiciable car c'est contraire à l'éthique de mon établissement. Et en effet, il faut une certaine expérience pour distinguer la call-girl de la bourgeoise qui s'encanaille !

Ma colère monte. Ces hommes parlent mal des femmes. Ont-ils oublié à qui ils s'adressaient ? Et s'ils jouaient un jeu pour que je craque ? Non, ce n'est pas encore l'heure : j'ai même droit à une pause. Une policière m'accompagne aux toilettes. Sous son regard, je me soulage ; pour elle, c'est la routine, pour moi, une humiliation. Puis ils me mettent en cellule avec une jeune femme. Je l'interroge :

« Pourquoi êtes-vous là ?

— Les flics ont embarqué mon ami, soupçonné de braquage. Ils veulent savoir si je sais quelque chose. »

On m'accompagne ensuite dans le bureau d'un grand patron. Ils sont nombreux autour de la table. Veulent-ils m'impressionner ? Le chef me dit être désolé de me rencontrer dans de telles circonstances. Ah bon ?

Et l'interrogatoire reprend. Selon eux, je suis la complice d'un réseau de prostitution. Une accusation odieuse, à l'opposé de tous mes principes. Je réitère inlassablement les mêmes réponses : « Je reçois des couples mariés, des maîtresses et des amants. Leur consentement est impératif pour entrer dans mon club ! Rien à voir avec vos accusations dégradantes ! »

Pour étayer mes dires, je leur relate une expérience récente. À l'accueil des Chandelles, je reçois un couple et ressens un malaise. Je m'assure alors que la femme accepte la perspective d'une soirée érotique. Celle-ci ne semble pas comprendre où elle se trouve. J'exprime mon désaccord avec le comportement du mari. Il me brandit son livret de famille comme un trophée :

« C'est ma femme et je fais ce que je veux. »

Je les prie fermement de sortir.

Mais pour les policiers, cet homme est dans son droit. Je m'offusque :

« Aux Chandelles, la femme a le droit de dire non ou de changer d'avis ! »

Ils s'en moquent. Pire encore : pour eux, une femme qui change d'amant est suspecte, une femme seule qui vient dans mon établissement pose un problème.

Ils me présentent maintenant des fichiers photographiques. Je dois reconnaître des femmes qui, selon leurs dires, sont des prostituées. Je n'en connais aucune. Les voilà fous de rage.

« Vous ne connaissez pas Angélique ?

— Non, la seule Angélique que je connaisse est Marquise des Anges. »

Je n'échappe pas à leur ironie :

« Bizarre, le standard du Quai des Orfèvres n'a pas encore explosé. Pourtant, avec les VIP qui fricotent dans votre club, c'est étonnant ! Au fait, comment se comporte DSK chez vous ? »

Je ne réponds rien. Cela, je sais faire.

De guerre lasse, ils me libèrent, en me mettant en garde :

« Choisissez un bon pénaliste, car vous risquez très cher ! »

Je dois donc batailler pour prouver mon innocence : une nouvelle injustice, une triste constante.

Décembre 2011, les rumeurs sortent dans la presse. Les Chandelles font les gros titres des journaux et des magazines. Je suis atterrée. Mais cette montagne accouchera finalement d'une souris.

En attendant et profitant de cette aubaine inespérée, des malfaisants qui se prétendent mes amis tentent l'impensable : prendre le contrôle des Chandelles. Certains de leur audace mortifère, ils espèrent même me racheter la société pour le fameux euro symbolique !

« Elle va craquer, elle bradera tôt ou tard sa société ! »

Une fois encore, me voici abusée, et la sérénité de mon boudoir s'en trouve chamboulée. Mal conseillée par une relation de vingt ans que je croyais honnête, je suis approchée par des prédateurs, certains étant des clients du club : ils m'encouragent à passer la main *pour mon bien*, ils me suggèrent de *me mettre au vert*. Pourquoi m'en méfier ? Une fois encore, le syndrome de Stockholm me guette : l'un d'entre eux avait déjà tenté cette OPA en 2005 et le voilà qui réessaie six ans plus tard sans que je me rebiffe – du moins, dans un premier temps.

Car à l'approche de Noël, guerrière encore et toujours, je déjoue leurs pièges. Je tranche les liens fourbes ou destructeurs. Et du jour au lendemain ces ambitieux, démasqués, disparaissent des radars : plus de son, plus d'image. Deux années durant, j'aurai vécu avec une épée de Damoclès au-dessus de la tête.

Je connaissais déjà cette impression où le pire peut toujours arriver, où la menace plane sournoisement : j'avais été une petite fille qui vivait dans la terreur lorsque mon grand-père me violait, encore et encore. J'avais appris à vivre avec ce criminel jamais très loin de moi. J'avais appris à faire *comme si*. Et probablement avais-je de l'affection pour cet homme : malgré l'horreur de ses actes, il demeurait mon grand-père. Et c'était invivable.

Le juge me convoque pour une éventuelle mise en examen. Il me reçoit avec mon avocat et me demande de justifier mes absences en 2011. Il m'écoute. Je pleure. Et il m'entend enfin. Et, soudain, la petite fille en moi a le sentiment d'être respectée.

Fin juillet 2014. Vingt-trois heures trente. Je rentre chez moi, à la campagne, après avoir partagé une agréable après-midi, au jardin des Tuileries, en compagnie de collègues psys. Il fait encore très beau. Je laisse Cerise, mon yorkshire, s'amuser dans le jardin. Je pose mon sac, file sous la douche puis revêts un peignoir. Je me sers un Perrier menthe, allume la télé et m'installe dans le canapé. Cerise rentre. Je referme la porte, elle saute se blottir contre moi. Brusquement, elle se redresse et aboie.

Je me dirige vers l'entrée pour m'assurer que tout va bien. Soudain, je sens un objet dur et froid plaqué contre mes reins. Je tourne la tête : devant moi un homme cagoulé et armé. Derrière lui, un complice, également cagoulé, ganté, tout de noir vêtu et armé.

L'espace où, théoriquement, rien ne peut m'arriver est violé. Impuissante, je m'effondre. L'un des voyous me tire par les cheveux jusque dans la chambre. Il veut les bijoux, l'argent et le matériel high tech. La demeure est mise à sac.

Devant le coffre, impossible de me souvenir de la combinaison. Le stress me paralyse. Puis cela me revient : les clés sont dans la console de l'entrée. Alors que l'un d'eux s'y dirige, je m'entends lui hurler :

« Ne faites pas cela : en passant devant la baie vitrée, vous risquez d'être vus ! »

Terrorisée par leur violence, me voici protégeant les cambrioleurs ! Un paradoxe mortifère.

Les deux voyous prennent tout et décampent.

Je reste prostrée avant d'appeler la police. Puis je sors en courant, pieds nus. Ma voisine ouvre sa porte et me découvre décomposée.

Un home-jacking, une violence de plus. Un traumatisme de trop. Je surmonterai difficilement cette agression, sursautant au moindre bruit.

Transformant ma maison en bunker, je n'arrive pourtant plus à y dormir sereinement. Cette agression réveille les souvenirs de l'inceste. Un viol domestique, dans un lieu que je croyais mien, protecteur et apaisant.

Demain, je devrai néanmoins me lever et garder les yeux grands ouverts sur la soirée *Eyes Wide Shut*.

LUBRIQUE KUBRICK

Dernier opus de Stanley Kubrick, *Eyes Wide Shut* est un film qui me trouble profondément. Ce conte pour adulte rend sa magie au fantasme et à la luxure, entre fascination et sidération. J'adore cette atmosphère esthétisante, ces rituels fantasmagoriques, cet entêtant parfum de scandale et de mystère : cérémonial costumé, orgie sophistiquée, rituel occulte, masques presque inquiétants, musique glaçante de Ligeti…

Dès 2010, je décide donc de consacrer un hommage régulier à ce chef-d'œuvre : les soirées *Eyes Wide Shut* deviendront un must très couru des Chandelles, un rendez-vous apprécié par celles et ceux aimant cet univers symbolique et qui acceptent de se prêter aux jeux de rôles qu'il encourage.

À ma porte, je me délecte des efforts de toilette de mes hôtes, de leur imaginaire savant et de leurs regards délicieusement pervers à peine dissimulés derrière les masques vénitiens, les loups de circonstance.

Capelines pourpres, longues capes de velours, smokings extravagants, indécentes toges de lin écru, somptueux déshabillés satinés évoluent dans mon boudoir, magnifiés par les lumières des torchères et des chandeliers. Leurs reflets troublants dans les miroirs m'inspirent cette réflexion :

« Ce n'est pas toi qui me regardes, c'est moi qui te vois ! »

Les déambulations de mes hôtes s'accompagnent de musiques inspirées par l'œuvre de Kubrick : un classicisme sombre qui vient souligner l'ambiance mystérieuse des lieux. Des saynètes improvisées s'inspirent parfois des rites sacrificiels et complices entraperçus dans le film.

Dans une alcôve, une femme nue et dont le regard se dissimule sous un masque vénitien s'allonge sur une table. Une nymphe en toge transparente la rejoint. Elle s'agenouille, lui écarte délicatement les jambes et sa bouche se plaque entre ses cuisses. La langue de l'ingénue s'agite avec volupté, les reins de la femme se cabrent, le corps frissonne, comme parcouru d'électricité. Puis éclate l'orgasme, le cri se serre dans la gorge, les mains se crispent. La bouche aspire encore, la langue tournoie toujours. Jaillissent soudainement les eaux du corps : la fontaine donne ses gerbes qui inondent la bouche, le visage. Ce n'est pas un liquide : c'est une rosée qui confère à la jouissance féminine son ultime dimension. Une transe singulière, un rituel extatique.

Près d'un buffet, nue et à quatre pattes, une femme dresse fièrement sa tête en direction des convives. Les macarons Ladurée posés sur son dos sont dégustés par des hommes et des femmes. Leurs mains glissent sur sa colonne vertébrale, lui caressent les cheveux ou lui claquent les fesses. Certaines et certains glissent ces douceurs entre ses cuisses pour les imprégner de son odeur intime.

À chaque instant, l'imaginaire fécond de mes hôtes surprend et satisfait ma curiosité gourmande : ils expriment leur créativité érotique en une succession d'audaces qui sont autant de spectacles à savourer des yeux ou à partager avec eux.

Cette magie-là n'a pas de prix : elle révèle les âmes, elle magnifie les corps, elle nourrit fantasmes et jouissances. Et ce partage gracieux, ces abandons assumés, ce cadeau en somme vaut toutes les richesses du monde : Les Chandelles trouvent alors leur raison d'être.

SOUS SURVEILLANCE

Septembre 2015. La BRB, brigade de répression du banditisme, souhaite m'entendre : six personnes ont été arrêtées en flagrant délit. Et je connaîtrais l'une d'entre elles : le responsable de la société ayant installé le système de vidéosurveillance des Chandelles et de ma maison.

Je suis sidérée. Je ne dors pas bien cette nuit-là : les souvenirs remontent. Et une image s'impose à moi : je vois mon grand-père paternel derrière les barreaux. Je lutte contre mon désir de le prendre dans mes bras et de le consoler. Je suis happée et je ressens l'effroi de me sentir prisonnière de mon bourreau, que je protège pourtant. Syndrome de Stockholm ? Possible car c'est devenu l'une des bases de mon fonctionnement : secourir et prendre soin du bourreau me permet de faire un pied de nez momentané à la peur.

Je ne parviens plus à distinguer ces différents évènements. Je répète l'histoire de la petite fille : la loi ayant été défaillante, j'avais géré le pédophile comme j'avais pu, avec ce que j'avais comme ressources.

Angoissée, je me rends quai de Gesvres. En arrivant, je demande aux policiers de ne jamais croiser le suspect que je connais. J'ai trop peur de moi : peur de ma défaillance, peur qu'une fois de plus je veuille réconforter mon bourreau.

Finalement, je suis très bien reçue et, surtout, entendue. Les deux policiers sont délicats et subtils. Ils veulent comprendre. Et moi je veux stopper ce mécanisme pervers et destructeur. Je laisse la police et la justice faire leur travail ; la sanction des voyous ne m'intéresse pas. L'important est de trouver la sécurité en moi-même.

Les policiers me précisent que six mois durant j'ai été suivie par des voyous, eux-mêmes pris en filature par la BRB. La police avait compris que j'étais en danger. Pendant six mois, j'ai donc bénéficié d'une garde rapprochée sans le savoir.

L'explication est limpide : les voyous ont détourné le système de vidéo pour pister mes faits et gestes en permanence. Ils ont même pénétré dans mon appartement parisien sans que je ne m'en rende compte. Alors que le futur cambrioleur était aux Chandelles pour assurer la maintenance de l'installation vidéo, il avait subtilisé les clés de mon domicile. Plus tard, dans la soirée, tandis que je cherchais mon trousseau, il m'avait rassurée avec aplomb :

« Tu ne te rappelles pas, Valérie ? Tu me l'as confié tout à l'heure ! »

Ainsi bernée, je n'y avais vu que du feu.

Durant l'interrogatoire, je pleure beaucoup : ce sont sans doute les larmes de la petite fille. La policière, très avertie, me demande ce qui se passe. Je lui réponds que j'ai le sentiment d'avoir été suivie toute ma vie d'adulte.

« Et qui vous suivait quand vous étiez enfant ? »

Cette phrase a l'effet d'une bombe. Quelle pertinence ! Évidemment, la petite fille ne devait rien dire. Il fallait donc la contrôler. Le linge sale ne se lavait qu'en famille.

Mais désormais, je ne veux plus être le tombeau des secrets.

CRISES ET CHUCHOTEMENTS

Très longtemps, je me suis méconnue, je me suis niée, et même reniée.

Pourtant, la petite fille tentait sans cesse d'exprimer l'indicible. Avec ses mots, jamais écoutés ni compris. Avec son corps, toujours malmené et mal aimé.

Adolescente, mon corps bloquait l'arrivée de mes règles : je souffrais d'aménorrhée. Troubles de comportement alimentaire, angoisses continuelles, céphalées, insomnies... mon corps n'a jamais manqué d'imagination pour exprimer le désarroi.

J'ai payé cher l'ignorance de mes parents. Ils affrontaient les évènements de la vie avec leurs blessures et leurs failles. Ils subissaient sans se révolter. Tout était fou et flou dans la famille.

Je survivais grâce aux livres, à la musique. J'écoutais Barbara et Brel, je dévorais Desproges.

Je lisais et relisais *Crimes et châtiments*, *La Métamorphose*, *1984*, *Les Fleurs du mal*. Je voulais faire médecine, pour comprendre les maux du corps et découvrir ce qu'ils racontaient. Ce qu'ils *me* racontaient. Mes parents s'y sont opposés. Mes études n'avaient plus de sens. J'ai sombré dans la dépression et l'agressivité. Mes parents me placèrent dans une clinique parisienne. En psychiatrie. Pour de longs mois de solitude et d'enfermement. De terreur aussi. C'est ainsi que j'ai quitté ma Bretagne natale. J'avais vingt ans. Et je voulais disparaître.

J'ai évolué quand j'ai pu demander activement de l'aide. Je sortais de ma torpeur. J'étais, enfin, actrice de mon propre destin. Le contrat avec le praticien était clair : ce travail devait se traduire par un changement inscrit dans mon quotidien.

J'ai pleuré la jeune femme que j'avais été. Pas longtemps : j'ai vite compris que ma souffrance ne se réduisait pas à la seule responsabilité de mon mari. Il était lui aussi au service de mes névroses.

En revanche, j'ai beaucoup pleuré la petite fille et l'adolescente que j'avais été : j'avais enduré l'insupportable. Sans autre choix. Mon monde de petite fille avait été sacrifié sur l'autel de l'omerta familiale. J'étais demeurée trop longtemps loyale à des règles ancestrales et destructrices.

Octobre 2011. Quatre mois après avoir fait sauter les verrous du déni, je trouvais la force d'aller voir ma mère. Pour lui conter l'abominable. Sa réponse fut pathétique :

« Pas mon père ! Un autre, peut-être. »

Elle ne niait plus l'inceste. Mais – et ce *mais* était assassin – ce ne pouvait être *son* père. Son inconscient trahissait l'ignominie familiale mais le crime n'était plus discuté. Toutefois, il restait à s'accorder sur le nom du pédophile. Ma mère restait loyale à son père, loyale au mythe familial, à son impunité. Elle redevenait une petite fille. La mère en elle avait disparu. Puis tout avait été enfermé à triple tour dans le silence et le déni : chacun devait sauver sa peau, quel que soit le prix à payer par les autres. J'avais, moi, fait le choix de dire les choses afin de transmettre la réalité à mes neveux et nièces. Pour que plus aucune ombre familiale ne plane au-dessus d'eux.

Le lendemain, ma mère m'invitait à déposer des fleurs sur la tombe de son père. C'était la Toussaint. Je refusai, en colère :

« Tu préfères protéger ton père pédophile décédé, plutôt que ta fille et ta descendance bien vivantes. »

Elle se tut : jusqu'au bout, la famille sanctifiée plutôt que l'enfance protégée. Jusqu'au bout, la négation de la réalité. Sans doute parce qu'elle était insupportable à affronter. Il nous faudrait donc vivre avec ça.

Plus tard, je choisissais de ne pas la culpabiliser davantage : pas plus qu'on est victime à vie, on est coupable éternellement. Inutile d'ajouter de la colère à l'injustice, de la douleur à la blessure. Comprendre, c'est avancer sans oublier. Mais c'est avancer tout de même. Autour d'un Scrabble, j'apaisais les tensions : je savais qu'elle n'était pas la moins à plaindre. La résilience s'ouvrait alors sur des relations empreintes de tendresse et de douceur.

ET LA LUMIÈRE FUT

Peu à peu, mes turbulences s'estompent. En éclairant mes ombres, je me rencontre, me retrouve. Je dépasse la sidération, je m'accepte enfin. Mais quel long chemin pour trouver la paix et m'autoriser à être moi-même ! Je ne suis pas mon histoire : je suis ce que j'ai fait de mon histoire. Je suis la survivante de blessures indélébiles, accueillies et pansées pour laisser enfin émerger la femme que je suis vraiment.

L'enfance avant tout

Je souhaite que, jamais, les enfants ne vivent ce que j'ai vécu. Notre société doit faire d'eux sa priorité absolue. Écoutons-les, aimons-les. Et aimons-les bien. Quel monde souhaitons-nous leur transmettre ?

Les lois devraient être pensées pour nos enfants, et ceux à venir. Mais qui est leur porte-voix? Je rêve d'enfants envahissant les Champs-Élysées, pour crier l'urgence de les protéger, pour défendre leurs droits et préserver leurs besoins fondamentaux.

Devenir père ou mère n'est pas un droit dépourvu de responsabilités. L'enfant, lui, a le droit d'avoir des parents suffisamment bons. Un adulte accompli ne doit plus être l'otage de ses névroses, de ses comportements toxiques et répétitifs. Sinon, c'est l'adulte qui boit et l'enfant qui trinque. Parents, ayez pleine conscience de votre engagement et des responsabilités que vous confère cette fonction. Merci.

La violence n'est pas une fatalité

La violence conjugale n'est pas une violence comme les autres. Bien évidemment, elle doit être dénoncée et condamnée. Bien sûr, la plainte est nécessaire. Mais il est tout aussi nécessaire d'assumer sa part d'ombre pour transformer cette danse macabre à deux en danse heureuse. Subir, c'est toujours faire quelque chose, mais cela ne sert pas à un changement. Se cacher derrière la violence de l'autre est une façon de ne pas se remettre en question. La seule question qui vaille est : pourquoi ai-je choisi de vivre cette expérience ?

Ce n'est pas un chemin facile, il est douloureux. Et pourtant, assumer la responsabilité de ses choix et de ses expériences est vital pour se libérer de ses fonctionnements toxiques.

Si je n'avais pas dit stop aux relations amoureuses et amicales toxiques, si je ne m'étais pas remise en question, je serais sans doute aujourd'hui dans une énième relation maltraitante et je tisserais encore et toujours les louanges de la plainte !

Mais je préfère désormais la plénitude du bien-être, avec moi-même et avec les autres.

Une simplification nuisible

Diffuser le message pervers selon lequel le mâle hétérosexuel est un salaud et la femme un ange sacrificiel est une folie destructrice. Dresser les femmes contre les hommes est une hérésie. Tous les trois jours, une femme meurt sous les coups de son conjoint ; régulièrement aussi mais dans des proportions moindres, un homme décède sous ceux de sa compagne. Voilà les faits : hommes et femmes, tous concernés.

Nous, les femmes, n'avons pas à bénéficier d'un traitement de faveur sous prétexte de notre genre. Pour respecter celles et ceux qui se sont battus en faveur du droit des femmes, comme pour soutenir celles et ceux qui poursuivent encore et toujours cette mission sacrée, cessons d'exonérer les femmes de leurs responsabilités ou de la conséquence de leurs actes.

Victime non, rescapée oui.

Je n'ai pas eu la possibilité de dénoncer mon grand-père : il ne sera donc jamais reconnu coupable. Encore maintenant – et à de rares exceptions près –, ma famille refuse d'admettre cette réalité. Et c'est toujours complexe d'être ainsi niée par les siens. Aujourd'hui, je pourrais faire face à ses dénégations, s'il vivait encore. Mais pour cela, il aura d'abord fallu que je me reconstruise. Et d'ailleurs, le verdict serait devenu le cadet de mes soucis : la justice n'est pas ma conscience mais celle de notre société !

Faire croire à la victime que la sanction sera la réponse à sa souffrance est un leurre ; penser que la sévérité de la sanction influera sur sa réparation est une escroquerie : cela détourne surtout du besoin essentiel de reconstruction.

Si mon grand-père était vivant et s'il était encore possible de porter plainte contre son crime, cela ne m'apporterait rien du tout ; hormis, peut-être, la satisfaction qu'il ne fasse plus de mal à quiconque et qu'il puisse se soigner. Mon grand-père a commis des actes ignobles, mais cela n'en fait pas moins un être humain, avec ses forces et ses faiblesses, ses failles comme ses courages. Et en reconnaissant ceci, je ne le dédouane pas pour autant de ses fautes : je l'envisage dans sa globalité, dans son infinie complexité.

Dans cet état d'esprit, je déplore les polémiques autour des artistes qui ont commis de tels actes : ne résumons pas ces personnes à leurs seuls agissements ignobles, comme les victimes à leurs seules souffrances.

Je n'autorise personne à dire que je suis une victime. Oui, bien sûr, j'ai subi des violences pédophiles puis des violences conjugales. Mais je dirais plus volontiers que je suis, avant tout, une rescapée. Et cela ne signifie pas la même chose : la victime est clouée, sacrifiée voire abandonnée à cette place ; la rescapée, elle, a quitté cette situation insoutenable pour enfin se reconstruire.

Ni mytho ni MeToo

Avec MeToo et Balance Ton Porc, des noms sont jetés en pâture. Les hommes frémissent. Certaines femmes jubilent de ce déversoir public. La nuance n'existe plus. C'est noir ou blanc :

les pastels sont confisqués. La justice aussi. Les réseaux sociaux s'en chargent sans nuance, irresponsables et destructeurs.

Le statut de victime nous dessert, alors même que la société croit nous aider. Aujourd'hui encore, la femme existe trop souvent à travers l'homme, comme quelqu'un qu'elle n'est pas.

Évidemment, je condamne les comportements masculins abusifs. Évidemment, les victimes ont des droits, et des devoirs – notamment celui de dénoncer les faits délictueux auprès de la police. Mais il n'est pas supportable de transformer les réseaux sociaux et les médias en tribunaux populaires et haineux.

Et d'ailleurs, qui éduque les enfants, parmi lesquels des hommes en devenir ? Compte tenu de l'explosion du nombre de familles monoparentales, il semble bien que les femmes soient davantage investies de cette mission. Et il y a alors un souci : cela signifierait donc que les mères participent à l'élevage de futurs porcs ?! Soyons sérieux ! Cessons les amalgames mortifères, les déchirements inutiles, les animosités préconçues.

Je n'ai pas envie que la loi considère la femme comme un être fragile qu'il faut protéger, au point de créer des lois liberticides. Car j'ai la faculté de dire non : ce n'est pas un gros mot. Et lorsque je dis non, je dis joyeusement oui à moi-même.

Ce qui me charme chez un homme peut déplaire à une autre. Un compliment sur ma robe ? Je ne vais pas qualifier cela de sexiste. Un sifflement dans la rue ? Je vais sourire, car ce n'est pas si grave ! Chacun est libre de faire ce qu'il veut de ce qu'il reçoit. Et je sais me faire respecter.

Par nature, le temps de l'approche comme les jeux de séduction sont ludiques. Pourquoi ce besoin de nous confisquer ces instants infiniment bons, en nous imposant un code de séduction ? Et qui en édictera les règles ?

J'ai le désir de séduire ou d'être séduite, librement. Est-ce que cela demeure encore possible ? Pourquoi ce contrôle absolu de nos élans ?

Dans ce monde clivant et réducteur, Les Chandelles deviendront-elles le dernier espace des séductions réciproques, l'ultime rendez-vous des hommes et des femmes qui savent se désirer tout en se respectant ?

Amusons-nous, draguons, jouons ! Plutôt la pénombre de nos alcôves que la nuit noire sur nos libertés ! Et comme j'aime Les Chandelles !

LA NATURE A HORREUR DU COVID

Printemps 2020. Lorsque se propage la pandémie, la nuit parisienne plonge aussitôt dans le néant. Les Chandelles n'ont d'autre choix que de fermer leur porte. Leurs alcôves désertées demeureront donc muettes des échos des plaisirs. Pour mes hôtes, mon personnel autant que pour moi, c'est un déchirement. Un mal nécessaire aussi : cet écrin du plaisir ne peut se métamorphoser en cluster, en antichambre de la maladie, de la souffrance ou de la mort.

Mais l'inconscience de certains pallie la disparition de mon boudoir des radars des noctambules et des libertins : des fêtes clandestines s'organisent, échappant à tout contrôle et profitant à des margoulins insensibles aux dangers, seulement soucieux de profits illégaux immédiats et faciles.

Des rumeurs bruissent dans tout Paris. Cette attitude détestable, qui se joue de la vie des gens, me sidère et m'écœure. À certains égards, elle me rappelle la folie suicidaire de certains lorsque la pandémie du sida frappait la nuit des années quatre-vingt-dix. L'interdit et la prohibition sont propices aux dérapages les plus irresponsables.

Des habitués m'appellent, me contant alors leur désarroi de ne plus pouvoir se retrouver dans mon boudoir, m'exprimant leur frustration : je leur conseille la plus extrême prudence. J'évoque même l'abstinence qui peut être un excitant prometteur pour des ébats ultérieurs. Le plus sage est d'attendre ; et, à certaines de mes amies, je suggère de *prendre leurs mâles en patience*. Demain sera un autre jour. Demain sera une autre nuit aussi.

Lorsque le pic de la pandémie semble s'éloigner, j'obtiens l'autorisation de réouverture des Chandelles. Je m'apprête aussitôt à redonner à ces lieux l'esprit festif et chaleureux qui est le leur.

C'est sans compter sur les contraintes loufoques qui accompagnent ce retour progressif à la normale. J'hésite entre rage et fou rire. L'hypocrisie administrative s'habille en Kafka.

Un officier de police se fait un devoir de mettre les points sur les i :

« Vous pouvez rouvrir. Mais sans bar ni piste de danse. Et ailleurs, les personnes doivent conserver leur masque. »

Je crois à un gag et j'imagine la situation. Ma question le fait sourire :

« Dans les alcôves comment fait-on ? Pour les cunnilingus, les fellations et les 69, quelles sont les instructions ? Existe-t-il des positions et des pratiques davantage recommandées que d'autres ?

— No comment. »

Hiver 2020. Il faut préserver les commerces essentiels. Or les messages contradictoires et les directives parfois grotesques du gouvernement me font douter de la justesse de ses décisions. Moi qui défends la responsabilité individuelle, je m'interroge : n'est-ce pas à chacun de mesurer sa fragilité et de faire les choix qui s'imposent sans, pour autant, menacer autrui ?

UNE PETITE FEMME QUI, JAMAIS, NE S'ÉTEINT

Aux Chandelles, personne ne s'exonérera jamais de mes exigences. Même lorsque j'affronterai toutes les tempêtes, ces principes demeureront des boussoles dans mes tourments.

Il m'aurait pourtant été aisé de céder aux sirènes de la facilité, à la commodité des renoncements pour satisfaire aux impératifs mercantiles comme aux attraits financiers les plus immédiats. Mais je n'aurais pas alors accompli mon rêve ; pire, je l'aurais trahi.

La longévité du succès conforte mon exigence initiale. Dans la nuit parisienne, si prompte aux révolutions versatiles et aux effets de mode sans lendemain, demeurer trente années à la tête d'un tel club est une gageure. Un honneur aussi.

Aux Chandelles, je me suis toujours sentie concernée par l'épanouissement des femmes. J'aime l'idée que le pouvoir du clitoris est plus stimulant que le seul pouvoir de l'utérus. Les femmes sont d'abord des femmes avant d'être des mères. Elles ont le droit à une sexualité joyeuse, épanouie. À leur façon, Les Chandelles participent à leur libération sexuelle. Aujourd'hui, elles y viennent parfois seules. Quel immense progrès ! Elles assument enfin pleinement leur gourmandise. Voilà qui satisfait ma boussole, tournée vers le mystère du désir et la quête d'une sexualité pétillante.

Les Chandelles sont un espace de liberté où chacun peut visiter sa boîte à fantasmes, sans crainte ni contrainte. C'est un endroit à chérir, préservé du moule arasant de la pensée unique. Ce lieu me ressemble. Il est ma signature. C'est un espace encore et toujours rebelle. Et la rébellion est salvatrice. *Rebelle*, je l'ai toujours été. *Folle*, comme les nuits aux Chandelles, aussi ! Je l'assume pleinement : la folie est créatrice. N'est-ce pas cette *folie* qui a été mon moteur pour aller vers un meilleur ?! N'est-ce pas cette *folie* qui m'a permis de *sur-vivre* et d'aller de l'avant ?!

On m'a affublée de tous les défauts : schizophrène, bipolaire, paranoïaque… Tout cela m'importe peu puisque c'est faux. Je suis simplement un être pétri de paradoxes et je compose avec ceux-ci. Comme nous tous.

Je suis une femme en quête perpétuelle de liberté, un être qui a choisi de se libérer de ses chaînes, une personne qui refuse la pensée unique tout simplement parce qu'elle préfère penser par elle-même.

Ne jamais se satisfaire du médiocre, toujours chercher le meilleur pour soi comme pour les autres : telles sont mes devises d'hier, d'aujourd'hui et de demain.

Sans doute suis-je une incorrigible optimiste. Sans doute suis-je une impénitente résiliente. Et alors ?

Ma seule certitude est de constater que je suis heureuse du chemin parcouru : j'accueille avec amour tous les enseignements tirés de mes expériences, bonnes ou mauvaises.

Mieux : tout en poursuivant l'aventure passionnée des Chandelles, forte de mes études et d'un long travail d'analyse, j'accompagne également celles et ceux qui souhaitent éclairer leur maison intérieure.

Dans le secret bienveillant de mon cabinet, j'encourage chacun à engager un voyage vers lui-même. Sans honte ni crainte, je l'aide à se libérer de croyances inutiles et de contrats caducs. Je facilite l'accès à ses ombres et à ses lumières. Et là encore, c'est affaire de chandelles.

REMERCIEMENTS

Une pensée affectueuse à celles et ceux qui ont accompagné la mise en lumière de ce récit :

Thierry Ardisson, Christophe Bertin, Paul Boyesen, fondateur de l'analyse psycho-organique (APO), Joëlle Boyesen, créatrice de l'analyse psycho-organique, Sophie Cadalen, Tom Hainguerlot, Alain Héril, Noëlle Meimaroglou, Elisabeth Petit-Lizop, Bertrand Reine, Jeanick Sanson.

Les Chandelles
1, rue Thérèse, 75001 Paris – Tél. : 01 42 60 43 31
www.les-chandelles.com

www.valeriehervo.com

TABLE DES MATIÈRES

FSC
www.fsc.org
MIXTE
Papier issu de sources responsables
FSC® C003309

L'éditeur de cet ouvrage s'engage dans une démarche de certification FSC® qui contribue à la préservation des forêts pour les générations futures.

Pour en savoir plus :
www.editis.com/engagement-rse/

Imprimé en France par EPAC Technologies
N° d'impression : 4550414306921
Dépôt légal : février 2021